www.tredition.de

AF197596

Emmi Schneider

Gestatten: Isolde

(K)ein Katzenratgeber

www.tredition.de

© 2018 Emmi Schneider

Verlag und Druck: tredition GmbH, Hamburg

ISBN
Paperback: 978-3-7469-3158-6
Hardcover: 978-3-7469-3159-3
e-Book: 978-3-7469-3160-9

Für alle meine Katzen

Willi, Jule, Brigitte, Stella, Balou, Mio, Sheldon und Isa

Und nicht zu vergessen: Mephisto

Gestatten: mein Name ist Isolde. Glaube ich zumindest. Warum ich mir nicht sicher bin? Weil Mama mich gerne auch mal Mausi nennt, was meiner Meinung nach gar nicht geht. Besser sind die anderen Namen, mit denen sie mich öfter ruft, zum Beispiel Schatzi. Schatzi find ich gut. Meistens sagt sie Isa zu mir. Ab und zu nennt sie mich auch einfach nur Katze und damit hat sie zumindest in einer Sache recht: genau das bin ich nämlich, eine Katze. Gern werde ich auch Schnurriburri, Prinzessin, Principessa, Mäuschen, Herzchen, Goldstück, Kuschelkatze, Schatzi, Herzblatt, Hetzibetzi genannt. Suchen Sie sich einen Namen aus, ich höre auf alles, besonders wenn Sie Leckerlis in der Hand haben. Mein offizieller Name lautet Isolde. So steht es zumindest in meinem Pass. Ja, Sie haben richtig gehört: ich habe einen Pass, einen europäischen Heimtierausweis. Sind Sie jetzt beeindruckt? Warum ich den habe, fragen Sie sich vielleicht.

Naja, ich komme aus dem warmen Spanien und lebe jetzt im kalten Deutschland. Wo Spanien liegt, weiß ich nicht so genau. Es muss aber irgendwo ganz weit weg sein, denn als ich mit dem Auto in mein neues Leben gefahren wurde, war ich unglaublich lange unterwegs. Aber fangen wir mal ganz am Anfang an.

Wie alles begann oder: Mein früheres Leben

Die Menschenfrau, bei der ich wohne, heißt Mama. Jedenfalls wird sie so genannt von zwei überaus liebenswerten Menschenmännern und ich habe das für mich so übernommen. Die Söhne von Mama sind zwar schon erwachsen, kommen aber immer noch regelmäßig zu ihrer Mutter. Das unterscheidet Menschen von Katzen ganz erheblich. Ich habe auch schon Babys auf die Welt gebracht. Das war noch während meiner Zeit in Spanien. Dort bin ich nämlich geboren und dort habe ich die ersten Jahre meines Lebens verbracht. Kinderkriegen war eine Riesenplackerei, beim ersten Mal sind zwei von den vier Kleinen dann auch gleich gestorben, weil ich nicht wusste, was ich machen musste. Und auch, weil sie viel zu schwach waren, um in der kalten, zugigen Scheune zu überleben. Die anderen zwei habe ich ein paar Wochen lang versorgen können. Dann hat sie der Bauer, in dessen Scheune ich damals gelebt habe, mitgenommen. Wohin oder zu wem, weiß ich nicht. Ich weiß nur noch, dass ich auf einmal ganz traurig war und dass ich mir auch ziemliche Sorgen um meine Kleinen gemacht habe. Aber schon bald war ich wieder trächtig. Das ging damals Schlag auf Schlag. Die Kater in der Nachbarschaft hatten es alle auf mich abgesehen. Naja, kein Wunder. Wahrscheinlich bin ich eine ziemlich schöne Katze. Aber dazu später mehr. Zurück zum Babykriegen. Eigentlich wollte ich mit den Kerlen nichts zu tun haben. Ich möchte grundsätzlich nichts mit anderen Katzen zu tun haben. Aber zweimal im Jahr überkam es mich. Da war mir sogar der räudigste Kater von Pablo, dem Bauern nebenan, recht. Der hatte nur noch ein Auge und einen halben Schwanz. Aber mit dem einen Auge, das er noch hatte, da konnte der vielleicht gucken ... und ich schmolz jedes Mal dahin. Aber der Kater von unserem eigenen Hof war auch recht ansehnlich. Stark, verwegen, mutig und so wunderschönes schwarzes Fell. Gut, ganz ehrlich gesagt: überall war das Fell nicht wunderschön. Wie wir alle auf dem Hof hatte auch er seine körperlichen Macken. Überdies zierte eine Narbe sein Gesicht, genau zwischen den Augen. Ich wusste, dass er keinem Streit aus dem Weg ging. Aber wie schon gesagt, wenn die Natur es vorsah, dass ich mich für die Katermänner interessierte, war mir die Narbe egal und ich sah auch nur die schönen Stellen an seinem Fell. Wie oft ich Babys bekam, weiß ich nicht, hab nicht mitgezählt. Jetzt ist schon lange Schluss damit, weil der Doktor in Spanien irgendwas mit mir gemacht hat. Wer der Doktor ist und warum ich überhaupt dort war, erzähle ich später.

Irgendwann kam der Bauer in den Stall, geradewegs auf mich zu. Ich wunderte mich schon, denn ich hatte gar keine Jungen, die hatte er doch erst vor ein paar Tagen abgeholt und er kam sonst nie zu uns Katzen. Einen Moment schaute er mich an, so, als ob er mich zum ersten Mal richtig wahrnahm. Es war vermutlich auch so. Dann packte er mich im Nacken ... Sie wissen schon, diesen Griff, wo wir Katzen uns nicht mehr wehren können ... und stopfte mich in einen Sack. Er trug mich irgendwohin, ziemlich lange und ziemlich weit. Als ich aus dem Sack wieder rauskam, war ich an einem schrecklichen Ort. Ich hörte den Bauern sagen, dass die mich nehmen sollen, es werden einfach zu viele Katzen auf seinem Hof. Was dann aus dem „mich nehmen" wurde, war ein sehr ernster Überlebenskampf. Nicht, dass ich Ihnen jetzt was vorjammern möchte, aber es war halt einfach so. Das war mir gleich am ersten Tag klar, als ich die vielen Katzen und Hunde sah, die teilweise abgemagert, krank, alt, verletzt waren. Allen gemeinsam war der panische Blick. Einige allerdings hatten die Zeit der Panik schon überstanden. Was die an den Tag legten, war aber noch viel schlimmer. Sie lagen apathisch irgendwo herum und krochen nicht mal aus ihren Ecken, wenn das Futter kam. Um das Futter musste man sich prügeln oder man musste sehr, wirklich sehr schnell sein. Beides liegt mir nicht. Also bekam ich die ersten Tage nichts ab. Bis ich erkannte, wie das hier läuft, hatte ich schon ziemlichen Hunger und Durst.

Als ich merkte, dass in regelmäßigen Abständen ziemlich unfreundlich dreinblickende Menschen kamen, um einige von uns abzuholen, ahnte ich nichts Gutes. Wer auch immer da geholt wurde, kam nicht wieder. Über dem gesamten Areal lag etwas sehr Schreckliches. Tod und Verderben. Es gefiel mir dort ganz und gar nicht und nach meiner ersten Panik und Verwirrtheit ging ich nahtlos in die Apathie über. Ich war nie schnell genug gewesen, um Futter zu bekommen. Wo ich hinpinkeln und mein großes Geschäft machen sollte, wusste ich nicht. Es war schwer für mich, meinen Drang immer so lange zurückzuhalten, bis es wirklich nicht mehr ging. Ich war dreckig, habe gestunken, hatte unglaublichen Hunger und Durst und gleichzeitig war ich schon so matt, dass ich sowieso nichts fressen hätte können, falls es für mich was gegeben hätte. Ich hoffte, die unfreundlichen Menschen würden mich auch bald hier weg holen. *Schlimmer kann es nicht mehr werden*, dachte ich.

Eines Tages kam eine Frau. Sie schaute nicht so grimmig wie die anderen Menschen, aber trotzdem war ihr Blick sehr ernst, als sie mich erblickte. Ich schaute ihr mit letzter Kraft direkt in die Augen, denn ich war schon so schwach, dass ich meinen Kopf nicht lange oben halten konnte. *Hol mich hier weg*, dachte ich. *Egal wohin. Mach, dass das hier vorbei geht.*

Als sie mich hochnahm, war ich erleichtert. Auch wenn es jetzt dorthin gehen sollte, wo alle anderen Katzen und Hunde vorher schon hin verschwunden waren und nie mehr wiederkamen, es sollte mir recht sein. Sie sagte etwas zu mir, was ich nicht verstand. Das heißt, ich verstand die Worte nicht, aber der Klang der Stimme ließ den allerletzten Funken Hoffnung auf Rettung, der noch in mir war, aufleben.

Und siehe da! Sie brachte mich aus dieser fürchterlichen Situation raus und nahm mich mit zu ihr nach Hause. Diesmal wurde ich nicht in einen Sack gestopft, sondern konnte in einer Box im Auto mitfahren. Die Fahrt dauerte nicht lange und ich war froh und gleichzeitig neugierig, wie es denn jetzt mit mir weitergehen sollte.

Ich war nicht die einzige Katze, die mit ihr gehen durfte. Da waren noch ein paar andere, aber ich kann nicht sagen, wie viele, denn ich hatte in ihrem Haus ein ganzes Zimmer für mich ganz alleine. Zum ersten Mal in meinem Leben wohnte ich nicht in einem zugigen Stall, sondern in einem richtigen Haus, dort, wo auch die Menschen wohnen. Ich war so dreckig, dass ich mich schämte. Die Frau putzte mich zwar so gut sie konnte und das fand ich auch so lieb von ihr, wie sie mit einem feuchten Waschlappen versuchte, mir das verklebte Fell zu säubern. Aber eine Katze putzen, das kann nur eine Katze. Ich war noch zu schwach, aber ich gab mir große Mühe, immer wieder ein Stückchen meines Fells sauberzumachen, bevor ich wieder einschlief. Ich hatte eine eigene Decke und ein weiches Kissen. Im Zimmer war auch ein Klo, das ich sofort als solches erkannte. Ich wurde von der Frau auch sehr gelobt, immer wenn ich dort was reinmachte. Aber bevor was aus mir rauskam, musste erst mal was rein und das war gar nicht so einfach. Aber mit ganz viel Liebe und Geduld hat es die Frau geschafft. Noch niemals in meinem ganzen Leben hatte sich ein Mensch mit mir so liebevoll abgegeben.

Wichtige Erkenntnisse:

Es sind nicht alle Menschen schlecht

Ich muss etwas ganz besonders Wertvolles sein.

Der Doktor in Spanien

Ich habe es schon angedeutet: Die liebe Frau, bei der ich nach meiner Rettung eine Zeitlang wohnen durfte, brachte mich eines Tages zum Doktor. Der war eigentlich ganz nett, aber ich wollte mich trotzdem nicht so ohne weiteres darauf einlassen, als er mich untersuchte und mir mehrere Spritzen verabreichte. Eine davon brachte mich zum Einschlafen und als ich wieder aufwachte, hatte ich Bauchschmerzen und einen doofen Trichter um den Hals. Der Trichter sollte mich daran hindern, dort zu lecken und zu knabbern, wo es mir wehtat. Dabei wäre das so dringend nötig gewesen, denn es tat nicht nur weh, es waren dort auch zwei oder drei Fäden, mit denen mein Bauch zusammengenäht war. Ich verstand das alles nicht, und erst recht war mir nicht klar, was die liebe Frau meinte, als sie sagte, ich würde jetzt keine Babys mehr bekommen. Ich muss aber zugeben, dass diese Aussicht für mich erst mal ziemlich gut war. Aber darüber freuen konnte ich mich erst, als mein Bauch nicht mehr so weh tat und als nach ein paar Tagen der blöde Trichter abgenommen wurde. In der Zwischenzeit und danach war ich Stammgast beim Doktor. Der musste mich nämlich ständig wiegen. Wie ich am Rande mitbekam, sollte ich wohl demnächst auf eine große Reise gehen. Dazu musste ich aber körperlich fitter werden. Ich musste Gewicht zulegen und diverse Prüfungen bestehen. Die Prüfungen bestanden aus Blutabnehmen, Bauchfell abrasieren und den nackigen Bauch mit einem kalten Gel bestreichen lassen, damit der komische Gegenstand besser gleiten sollte, der vom Doktor auf meinem Bauch kreuz und quer, rauf und runter bewegt wurde. Dabei schaute er in einen Fernsehbildschirm und sagte zur lieben Frau:

„Da ist alles in Ordnung".

Das war schon mal gut, aber dass mein Bauchfell weg war, hat mich trotzdem geärgert. Was er dann noch sagte, beunruhigte mich allerdings:

„Sie muss noch zunehmen, sonst kann ich ihr den Stempel für die Reise nicht geben".

Ein wesentlicher Punkt, der Katzen und Menschen unterscheidet, ist der natürliche Instinkt. Ich hatte keinen blassen Schimmer, wieso und wohin ich reisen sollte und von der lieben Frau und dem schönen Einzelzimmer mit Kissen nur für mich, wollte ich sowieso nicht weg. Aber irgendwie spürte ich, dass diese Reise für mich ganz wichtig war und dass ich wohl besser daran tat, künftig kräftig zu fressen. Gedacht, getan. Kaum waren wir wieder zuhause, hat mir die liebe Frau mein Futter hingestellt. Sie staunte nicht schlecht, wie schnell ich futtern konnte. Um ihr meinen guten Willen zu beweisen, maunzte ich sie an, was das Zeug hielt. Ich wollte mehr und zwar gleich. Sie freute sich und füllte mir den Napf ein zweites Mal. Das machten wir nun die nächsten Tage immer wieder. Ich fraß, was ich in meinen Bauch reinbringen konnte und sie unterstützte mich, indem ich immer was bekam. Trockenfutter stand sowieso immer da, Wasser auch. Das Nassfutter schmeckte mir besonders gut. Ich kannte so einen Luxus ja schließlich nicht und hatte bis dato keine Ahnung, wie lecker Katzenfutter sein kann. *Hoffentlich bekomme ich dort, wo ich hinreisen soll, auch so gutes Futter.* Das war meine einzige Sorge. Vor der Reise selbst hatte ich keine Angst. Mein Bauchgefühl sagte mir, dass alles gut werden wird.

Der Doktor ist übrigens ein ganz toller Arzt, auch wenn er allerlei Dinge mit mir gemacht hat, die mich wenig begeistert haben. Er arbeitet für den Verein[1], zu dem die liebe Frau gehört, die mich gerettet hat. Er macht die Katzen für die Reise fit, führt sämtliche Tests aus, die man als Katze braucht, um quer durch Europa reisen zu dürfen. Ich bekam einen Europäischen Heimtierpass, auf den ich stolz wie Bolle bin!

Es ist vielleicht noch interessant zu wissen, dass der Verein nicht nur uns Katzen von Spanien nach Deutschland schickt. Wilde Artgenossen werden eingefangen, kastriert und wieder freigelassen, sofern sie fit genug sind, sich weiter in der spanischen Wildnis durchzuschlagen. Ich hätte das niemals gekonnt. Ich bin nicht schnell genug, nicht geschickt genug und ich lasse auch lieber den anderen den Vortritt, bevor ich mich mit denen schlage. Es war für mich deshalb ein großer Segen, dass ich für die große Reise ausgewählt wurde, wohin sie auch immer führen sollte.

---

[1] www.katzenherzen.de

Deutschland – meine neue Heimat

Von der Reise selbst weiß ich nicht mehr viel, die meiste Zeit habe ich nämlich geschlafen. Nachdem ich mir das nötige Polster angefuttert hatte, alle Tests zur Zufriedenheit ausgefallen waren und ich offensichtlich nicht an ansteckenden Krankheiten litt, durfte ich in mein neues Leben starten. Ich war sehr geduldig, alle anderen Katzen, die ebenfalls mitreisen durften, verhielten sich genauso ruhig wie ich. Wir wussten, es ist zwar jetzt anstrengend, aber wir werden belohnt werden. Aber erst einmal war es saukalt in Deutschland, als wir endlich ankamen. Ich weiß nicht genau, wo das ist: Deutschland. Aber es ist auf jeden Fall weit weg von dem Ort, an dem wir losgefahren sind und es ist hier immer Winter. Außer im Sommer, aber der dauert nur wenige Tage und die muss man ausnützen. Ich genieße dann meinen schönen Balkon ... aber ich schweife ab, soweit sind wir ja noch gar nicht. Nach schier endlosen Stunden in der Box, in der ich zwar genug Wasser, aber kein Futter hatte, und in der ich die meiste Zeit wegen des monotonen Motorengeräuschs geschlafen habe, kamen wir endlich an. Was war ich froh, und gleichzeitig war ich total unsicher. *Was passiert jetzt?* Fremde Menschen schauten in meine Box und redeten in einer Sprache, die ich nicht verstand. Aber ich habe sofort begriffen, dass ich mich freundlich verhalten sollte, denn einer dieser Menschen wird sich um mich kümmern müssen. *Jetzt bitte!!! Lasst mich endlich raus aus der Box, ich will mich bewegen, will fressen, ich muss aufs Klo und überhaupt.*

Mein Flehen wurde erhört. Als ich aus der Box ausstieg, stand ich vor einem Katzenklo, wie ich es von meinem Übergangsdomizil her kannte. Prima! Ich rein, gepinkelt, gelobt worden. Das funktionierte also schon mal. Übrigens bin ich von der Frau gelobt worden, die ich jetzt Mama nenne. Das wusste ich damals aber noch nicht. Erst einmal war sie mir fremd und ich wollte zwar nicht unhöflich sein, aber besonders gefallen hat sie mir auf den ersten Blick nicht. Fürs Erste aber habe ich sie akzeptiert. Meine Neugier war sowieso stärker. Nachdem ich das Klo benutzt hatte, ging ich deshalb mutig auf Entdeckungstour. *Zur Not kann ich ja fauchen*, habe ich gedacht – und auch getan. Immer dann, wenn sich die Menschenfrau zu nah an mich herangewagt hatte. Was ich entdeckte, erstaunte mich. Hier gab es mehr als ein Zimmer und ich war schon gespannt, ob ich auch hier eines für mich ganz allein bekommen würde. Ich konnte es aber nicht finden, denn die Türen zwischen den einzelnen Räumen waren alle offen und ich durfte überall hin. So ist es übrigens bis heute geblieben. Stellen Sie sich den Luxus mal vor: Drei Zimmer, Küche, Bad verteilt auf 80 Quadratmeter – alles meins! Und zwei Balkone!

Aber auch das wusste ich im ersten Moment noch nicht. Ich konnte mich darum auch nicht gleich kümmern, denn was für eine große Freude: ich fand Futter! Und Wasser! Alles frisch und extra für mich! Und dann gleich die nächste Überraschung: Dort stand das gleiche Futter, das ich die letzten

Wochen von der lieben Frau bekommen habe. Entweder kann die Neue hellsehen oder die beiden haben sich abgesprochen. Erneut kam in mir der Verdacht hoch, dass ich wohl ein ganz wichtiges Lebewesen sein müsste, wenn sich die Menschen extra wegen mir Gedanken machten und über eine so weite Distanz hinweg miteinander redeten – über mich!

Ich konnte mein Glück nicht fassen und futterte die ganze Portion in mich hinein. *Mal schauen, ob es Nachschlag gibt,* dachte ich und probierte meinen Trick, wie ich es im Einzelzimmer gelernt hatte. Und es klappte. Ich maunzte die Frau an, sie lächelte und redete unverständlich, aber sie füllte meinen Napf ein zweites Mal. Später, als ich ihre Sprache besser verstand, hörte ich sie übrigens öfter mal sagen, ich würde wie ein Schaf blöken, wenn ich Futter will. Egal, ich mache alles, um verstanden zu werden und wenn sie die Schafsprache versteht, dann blöke ich eben, wenn ich Hunger habe. Kein Problem.

Die zweite Portion schaffte ich nicht ganz. Ich hoffte, dass der Rest auch später noch da sein würde. Schließlich konnte ich damals noch nicht wissen, dass es auch hier immer köstliches Trockenfutter als Snack zwischendurch gab, dass der Napf zweimal täglich gefüllt wird und dass es hier keine anderen Katzen gab, mit denen ich mich ums Futter streiten müsste. Ich war im Schlaraffenland gelandet, aber ich bin schon wieder mit den Gedanken vorausgeeilt.

Sattgefuttert, Durst gelöscht, Klo benutzt ... jetzt wollte ich mich weiter umsehen. Zimmer für Zimmer nahm ich mir vor.

Ein bisschen hat es mich gestört, dass die Frau ständig hinter mir her lief. Sie redete dauernd mit mir, es war bestimmt lieb gemeint, denn ihre Stimme war nicht beängstigend. Aber ich hätte lieber erst einmal alleine geschaut, was Sache ist und ob ich irgendwo ein Plätzchen zum Schlafen finden könnte, denn ich war hundemüde ... ja auch Katzen können hundemüde sein. Ich fand nirgendwo ein bequemes Kissen, wie ich es kannte. Aber ich fand ein Sofa, auf das ich mit meinen müden Knochen gerade noch springen konnte. Dort lag eine weiche, kuschlige Decke und dann gingen bei mir erst einmal die Lichter aus.

Wach wurde ich vom Streicheln. Einerseits gefiel es mir, andererseits war sie – also die neue Frau – doch noch so fremd. Und ich war so aufgeregt, dass ich innerlich bebte und zitterte. Nicht einmal meinen Schwanz konnte ich ruhig halten. Das Zittern blieb übrigens noch monatelang so. Bis ich endlich zur Ruhe kommen konnte, machte sich eben bemerkbar, in welcher Gefahr ich die vergangenen Wochen geschwebt hatte. Das konnte ich nicht so leicht wegstecken, aber die neue Frau hatte viel Geduld mit mir und war mir auch nicht böse, wenn ich nach ihr schnappte und sie auch manchmal erwischte. Nicht nur mit den Zähnen, auch mit den Krallen. Aber anders konnte ich ihr nicht klar machen, dass sie mich in Ruhe lassen soll. Später dann, sehr viel später, haben wir beide gelernt, uns gegenseitig zu verstehen. Die Verständigung zwischen Menschen und Katzen ist eigentlich unmöglich. Aber wenn man sich als Mensch ein bisschen Mühe gibt, klappt das schon. Und ich habe ebenfalls das Meinige dazu getan. Mittlerweile brauche ich weder

Zähne noch Krallen einzusetzen, wenn sie mich wieder mal dort anfassen möchte, wo ich es partout nicht möchte. Am Bauch zum Beispiel. Es reicht dann, wenn ich antäusche.

Nur der Chip reicht nicht. Es muss auch noch eine kostenlose Registrierung bei www.tasso.net erfolgen.

Der Chip – ich kann nie verloren gehen

Wo ich lange Zeit ebenfalls nicht angefasst werden wollte, ist mein Nacken, und das hat seinen Grund. Erstens haben die Menschen aus einem unerfindlichen Grund herausbekommen, dass der Nackengriff eine Katze wehrlos machen kann. Wir tragen damit unsere Jungen herum und wenn wir sie wegen einer Untat bestrafen müssen, beißen wir Katzenmütter kurz aber kräftig in den Nacken der Kleinen. Aber wenn Menschen das machen, also nicht das mit dem Beißen sondern mit dem Griff, dann empfinden wir erwachsenen Katzen das als äußerst demütigend. Wann begreifen die Menschen endlich, dass man das einfach nicht macht? Es gebietet nicht nur die Höflichkeit, den Nackengriff nicht anzuwenden. Es tut der Katze außerdem auch weh. Wer den Fehler einmal gemacht hat, wird lange was davon haben, denn Katzen können sehr nachtragend sein. Ich zum Beispiel bin tagelang tödlich beleidigt, wenn man mich am Nackenfell packt und mich hochhebt. Meistens geht die Sache für mich nicht gut aus, denn wenn es jemand vielleicht aus Unwissenheit gewagt hat, dann hat dieser Jemand immer was mit einer Tierarztpraxis zu tun gehabt. Dort brauchen die mich dann die nächsten Wochen, Monate und am besten Jahre nicht mehr hinbringen!

Mama hat mich zwar noch nie im Nacken gepackt, aber sie wollte mich dort immer streicheln, das hat mir erst auch nicht gepasst. *Wer weiß, was da noch kommt*, habe ich mir gedacht. Dass ich dort so empfindlich bin, hat aber noch einen anderen Grund und das ist der Chip.

Der Doktor hat ihn mir vor meiner großen Reise gesetzt. Der Chip ist in etwa so groß wie ein Reiskorn und liegt unter der Haut im Halsbereich. Als ich noch ganz dünn war, konnte ich ihn spüren, wenn ich dort kratzen musste. Mama konnte ihn offensichtlich auch spüren, denn sie wollte dauernd dort hinfassen und tasten. Sie wusste erst nicht, dass das der Chip war und hatte Angst, ich hätte einen Tumor oder sowas. Mama ist immer so hysterisch, wenn es um meine Gesundheit geht. Als sie dann aber erklärt bekam, dass es sich bei dem Knubbel nur um den Chip handelt, war sie beruhigt. Ich irgendwie auch, denn dadurch kann ich nicht verloren gehen. Das heißt, ich kann besser wiedergefunden werden, falls ich mal verloren gehen sollte. Aber das ist sowieso unwahrscheinlich, denn ich werde den Teufel tun und davonlaufen! Ich wüsste auch gar nicht, wohin. Aber falls es durch irgendwelche Umstände doch geschehen sollte, dann braucht man nur ein Lesegerät, um den Chip auszulesen und dann kann mich jemand zu Mama bringen … oder so ähnlich habe ich das verstanden. Haben Menschen eigentlich auch einen Chip? Was passiert, wenn Mama nicht mehr heimfindet? Sie ist nämlich ständig draußen unterwegs, eigentlich täglich. Bis jetzt ist sie immer wieder zurückgekommen, außer manchmal, dann kam aber jemand anderes, um mir Futter in den Napf zu füllen und mein Klo sauber zu machen. Urlaubsvertretung nennt sich das, glaube ich. Keine Ahnung, wo Mama dann ist, aber auf jeden Fall sorgt sie dann immer vor und engagiert jemanden. Zum Beispiel Stefanie, die Mama von Balou und Mio und Sheldon, der schon den Weg über die Regenbogenbrücke gegangen ist. Stefanie wohnt neben uns. Ich mag sie sehr. Sie hat mir übrigens auch meinen Namen gegeben. Seit sie mich das erste Mal gesehen hat, nennt mich alle Welt Isa. Damit bin ich einverstanden, denn Isolde klingt so streng. Aber zurück zum Chip, von Stefanie und ihren Katermännern erzähle ich später noch mehr. Mittlerweile kann man den Chip nicht mehr ertasten, denn ich habe mir ein bisschen Speck angefuttert. Ich kann es jetzt auch gut aushalten, wenn mich Mama im Nacken krault. Nach ungefähr drei Jahren bei ihr, war ich eines Tages ganz mutig und habe nicht gleich nach ihr geschnappt, als sie es wieder mal nicht lassen konnte, und mich unbedingt im Nacken kraulen wollte. Und was soll ich sagen: es war sooooooo schööööööönnnnnnnnn! Das machen wir jetzt immer! Wenn sie mal den Chip berührt, denke ich, *was bin ich froh, dass ich gefunden werden kann, falls ich mal verloren gehen sollte.*

Letzter Wille einer Katze:

Wenn ich am anderen Ende der Regenbogenbrücke angekommen bin, dann lass mich los und weine nicht mehr.

Ich werde dort frei und glücklich sein.

Lass mich los, aber bewahre die Erinnerung an unsere
gemeinsame Zeit in deinem Herzen.

Meinen warmen und sicheren Platz bei dir gib bitte einer
anderen Katze, die deine Liebe und deinen Schutz braucht.

Die Katzen meiner Mama

Was ich jetzt aufschreibe, weiß ich nur aus Erzählungen und weil ich eins und eins zusammenzählen kann. Ich bin gut im Kombinieren, was man mir vielleicht nicht unbedingt anmerkt. Aber wir Katzen wissen, dass es klug ist, sich nicht immer gleich alles anmerken zu lassen. Manche Menschen machen das auch so.

Mama hatte schon einige Katzen vor mir. Bei ihren Erzählungen ging es aber auch um Katzen, die nicht direkt bei ihr gelebt haben und noch leben, sondern in der Familie, zum Beispiel bei ihren Menschensöhnen. Da hätten wir zum Beispiel Stella. Was für ein schöner Name für eine Katze. „Stern", so würde ich auch gern heißen aber auf die Idee kommt ja keiner. Stella ist leider schon früh über die Regenbrücke gewandert, haben sie erzählt. Sie war eine zarte Schönheit, pechschwarz, schlanke Statur und ein liebenswerter Charakter. Stella war ein Feingeist, niemals grob und auch nicht aufdringlich. Als sie krank wurde, haben ihre Menschen alles dafür getan, dass sie wieder gesund wird, aber alles hat nichts geholfen. Übrig blieb Brigitte. Sie und Stella waren nämlich zu zweit beim Sohn meiner Mama. Brigitte war ebenfalls pechschwarz, aber kräftiger in der Statur und auch im Wesen. Beide waren aus dem Tierheim. Tierheime in Deutschland sind übrigens im Vergleich zu denen in Spanien die reinsten Wellnesshotels. Trotzdem ist jede Seele froh, dort raus und in eine neue Familie ziehen zu dürfen. So wurden auch Stella und Brigitte einst vom Sohn meiner Mama aus dem Tierheim geholt. Die sagten dort, dass diese beiden Katzenmädchen nur zu zweit abgegeben werden. Die beiden Ladys haben sich aber ab dem Moment nicht mehr so toll vertragen, als sie über die Schwelle ihres neuen Heims getragen wurden. Brigitte zeigte ihren dominanten Charakter und Stella wurde ein bisschen untergebuttert. Brigitte war auch die meiste Zeit grantig. Als Stella dann schon so bald gehen musste, änderte sich das Betragen von Brigitte schlagartig. Sie wurde auf einmal zur anhänglichen Schmusekatze und suchte dauernd Harmonie. Es waren ihr noch einige Jahre vergönnt, bis sie im hohen Alter starb. Lieber Gruß an Stella und Brigitte.

Außer Stella und Brigitte gibt und gab es noch ein Katzenpärchen in der erweiterten Familie: Jule und Willi. Auch sie kamen ursprünglich vom Tierschutz (das ist das, was die Menschen machen, wenn sie sich um verlassene Tiere kümmern – tolle Sache!). Sie lebten bei Mama und ihrem älteren Sohn, als die beiden, also Mutter und Sohn noch in einem Haushalt wohnten. Jule war mehr die Sohnkatze, Willi war mehr der Mamakater. Um den beiden Katzenkollegen einen Umzug zu ersparen, sind Jule und Willi beim Sohn geblieben, als Mama vor ein paar Jahren dorthin zog, wo wir jetzt zusammen wohnen. Haben Sie das nicht verstanden? Dann lesen Sie die letzten Sätze bitte einfach nochmal. Besser kann ich es nicht erklären, denn Sie müssen sich bitte klarmachen, dass die Sache mit der Familie bei uns Katzen sowieso anders läuft. Wir haben nämlich keine. Oder zumindest nur kurzzeitig, solange die Jungen bei der Katzenmutter bleiben. Das sind nur ein paar Wochen normalerweise. Der Papa der Kleinen, oder soll ich besser in der Mehrzahl sprechen? Die Väter der Kleinen machen sich bei uns gleich nach der Paarung wieder vom Acker. Das ist auch gut so, denn was wir Katzenfrauen ganz gewiss nicht brauchen können, sind Katermänner, die sich in unserem Leben breit machen und über uns bestimmen wollen. Wir sind eigenständig und wollen es auch bleiben. Das haben wir Kätzinnen den Menschenfrauen vielleicht ein gutes Stück voraus, auch wenn sich das aktuell bei den Menschen verbessert, die Sache mit der Gleichberechtigung. Aber wenn ich mir abends die Sendungen im Fernsehen so anschaue, oder wenn ich den Gesprächen lausche, die Mama oft mit anderen Frauen am Telefon oder bei uns zu Hause am Essenstisch führt, dann dämmert es mir, dass es für die Menschen noch ein langer Weg ist bis zu dem Punkt, an dem wir Kätzinnen schon längst sind.

Zurück zu Willi und Jule. Willi blieb Mamas Liebling, auch wenn sie nun nicht mehr zusammen wohnten. Aber sie besuchte ihn oft und als er dann krank wurde, so krank, dass er daran sterben musste, war sie die ganzen langen Wochen auch täglich bei ihm. Falls es Zufälle gibt, woran wir Katzen grundsätzlich nicht glauben, dann hat es eben der Zufall oder die Vorsehung so gewollt, dass Mama gerade in dem Moment bei ihm war, als er seinen letzten Atemzug machte. Die Vorstellung, wie sie ihn in ihre Bluse eingewickelt hat, damit er nicht friert, und wie sie sein Köpfchen in der Hand gehalten hat und ihm gut zugesprochen hat, als er im Sterben lag, lässt mich hoffen. Warum? In mir wächst die Hoffnung darauf, dass auch ich eines Tages so geborgen und liebevoll begleitet sterben darf und nicht – wie es mein Schicksal eigentlich vorgesehen hatte – brutal durch Menschenhand hingerichtet in irgendeiner Tötungsstation in Spanien. Lieber Gruß an Willi.

Jule erfreut sich momentan noch bester Gesundheit. Sie ist jetzt, wo ich diese Zeilen schreibe, ungefähr 15 Jahre alt. Mama besucht auch sie regelmäßig. Ich merke das, weil dann an ihrer Kleidung andere Katzenhaare kleben, nicht meine. Und sie riecht dann auch nach fremder Katze. Aber ich bin Jule nicht böse, dass sie manchmal Aufmerksamkeit von Mama bekommt und ich in dieser Zeit darauf verzichten muss. Wir sitzen doch alle irgendwie im selben Boot und da sollte man solidarisch, tolerant und der Liebe zugewandt bleiben. Das gilt übrigens auch für Menschen, aber wie ich zwischenzeitlich weiß, klappt das unter den Zweibeinern auch nicht immer.

Und dann gab es noch Bella. Ich habe sie nie kennengelernt, obwohl sie in derselben Wohnung mit derselben Mama mal zusammengelebt hat. Aber nur kurz. Bella ist trotzdem meine Heldin und wenn ich sie kennenlernen könnte, würde ich ihr die Ohren sauber auslecken und aus meinem Napf würde ich ihr die besten Leckerbissen übriglassen. Wenn es sein müsste, würde ich ihr sogar den Schlafplatz im Bett, dicht neben Mama anbieten. Denn Bella ist schuld daran, dass ich hier sein darf. Um Ihnen die Geschichte so erzählen zu können, damit Sie sie auch verstehen (was natürlich keinesfalls an Ihnen liegt), lasse ich mal ausnahmsweise Mama zu Wort kommen. Sie hat die Geschichte nämlich niedergeschrieben und wie sie für eine Lesung (Mama ist Schriftstellerin und liest ab und zu anderen Leuten was vor), also wie sie mal für eine Lesung geübt hat, hat sie die Bella-Geschichte in unserem Wohnzimmer laut vorgelesen. Da habe ich sie gehört. Die Geschichte geht so:

„Die Liebe zu meinen Kindern ist konkurrenzlos und steht nicht zur Diskussion. Aber alles, was sonst noch geliebt werden könnte, muss sich erst etlichen Prüfungen unterziehen, es sei denn, es handelt sich um eine zugelaufene Katze. Zugegeben, es war eine besondere Katze. Ich bin katzenerfahren und habe daher den Vergleich. Bella, so nannte ich das zauberhafte Wesen, näherte sich mir völlig ohne Arg. Sie brachte mir vollstes Vertrauen entgegen, obwohl sie mich erst 2 Sekunden kannte. Nach weiteren Minuten und einigen Stunden, gab sie ihre Katzeneigenständigkeit für die Zeit des Schmusens völlig auf. Voller Hingabe legte sie ihr Köpfchen am liebsten unter mein Kinn und gab die Kontrolle ab. Was muss das schön sein, sich einem anderen Wesen so anvertrauen zu können.

Sie spazierte in mein Leben völlig überraschend und unvorbereitet. Noch dazu in einem Moment, wo ich eigentlich überhaupt keine Zeit für solche Späßchen hatte. Aber da war sie nun mal da, eine kleine Katze mit leerem Magen, abgemagert bis auf die Knochen und mit einer lauten Stimme, aus der ich alles Flehen dieser Welt herauszuhören glaubte – oder wollte? Einmal mehr trat die Retterin in mir auf den Plan. Nur ich könnte dieses Fellknäuel retten – davon war ich überzeugt.

Ich nannte sie Bella, denn zweifellos war unter ihrem stumpfen, schmutzigen Fell eine kleine Schönheit versteckt. So war es auch. Zwei Tage brauchte die kleine tapfere Katze, um sich den Straßendreck aus dem Fell zu putzen. Zum Vorschein kam eine zuckersüße, bildschöne kleine Katzendame. Übrigens arbeitete sie konzentriert mit mir zusammen an dem Plan, eine zufriedene 2er-Frauen-WG aufzumachen. Sie wartete brav, bis ich das flugs gekaufte Katzen-WC aufstellte (das vollständige Befüllen konnte sie dann nicht mehr abwarten), sie blieb gleich am ersten Tag einige Stunden allein zu Hause, ohne die Einrichtung zu zerlegen und sie gab mir zu verstehen, wie sehr sie sich über den ebenso flugs gekauften Mini-Kratzbaum freute. Ihre Mahlzeiten nahm sie gerne von einem Porzellanteller ein, bis zwei wiederum flugs gekaufte Futtertöpfchen verwendet werden konnten.

Nachts ließ sie mir stets den Vortritt, wenn es um die Platzierung meiner Wenigkeit im Doppelbett ging. Erst danach legte sie sich zu mir, um mich, auf mich und einmal aus Versehen auch unter mich. Leider dauerte unser Glück nur 4 Tage. Meine Korrektheit stellte mir eine Falle, denn natürlich meldete ich ihr Auffinden beim örtlichen Tierheim. Der recht-mäßige Besitzer begann am 4. Tag ihres Verschwindens dann doch, nach ihr zu suchen, wobei ich nicht glaube, dass sie tatsächlich erst am selben Tag, als sie mir zugelaufen war, von ihrem Zuhause ausgebüxt ist. Dafür war sie zu ab-gemagert und schon zu sehr Straßenkatze. Wie dem auch sei, ich musste sie ziehen lassen. Ihr letzter Blick an mich beim Abschied geht mir immer noch in der Erinnerung durch Mark und Bein und treibt mir die Tränen in die Augen.

Das war also die Geschichte vom kurzen Glück mit Bella. Vielleicht war es doch eine wohlmeinende Idee des Schick-sals, sie für eine knappe Woche zu mir in Pension zu schi-cken, denn das kleine Wesen hat in mir irgendetwas aufge-weicht, aufgebrochen, ausgegraben. Meine Emotionen schossen nach ihrem unfreiwilligen Auszug über alle Gren-zen hinaus. Mir wurde auch klar, dass alleine zu leben bei allen Vorteilen auch Defizite mit sich bringt. Nun musste ich also überlegen, ob ich so weitermachen wollte oder ob ich mir nicht doch einen Gefährten suchen sollte. Meine Antwort stand sehr schnell fest: meine Seele braucht einen Partner. Sollte es ein Mensch sein? Vielleicht. Aber ganz gewiss auch eine Katze! So entschied ich mich also, mir wieder eine Katze anzuschaffen. 5 Wochen nach Bella zog Isa bei mir ein.

Isa

Natürlich war auch Isa ein Notfall – oder ein Notfellchen, wie sie von dem Katzenschutzverein genannt wurde, der sie mir vermittelt hat. Als sie bei mir ankam, war sie in einem noch erbärmlicheren Zustand als Bella. Abgemagert, das Fell an einigen Stellen völlig weg, zitternd und eindeutig gestresst durch die aktuell vergangenen Ereignisse in ihrem Leben. Das ist das, was ich brauche. Ich möchte für jemanden – auch wenn dieser jemand ein Tier ist – der einzig mögliche Retter sein. Mein Trieb zur Fürsorge ist einfach da und will gestillt werden. Was eignet sich dazu denn besser, als ein solches Notfellchen? Schon nach wenigen Stunden stand für Isa und mich fest, dass wir ihr restliches Leben gemeinsam verbringen werden. Schöne Aussichten! Vier Wochen nach ihrer Ankunft hatte sie keine einzige kahle Stelle mehr am Körper. Ihre innere Anspannung hatte langsam nachgelassen. Ganz verlieren wird sie die Bereitschaft zur schnellen Flucht wohl nie, aber sie verhält sich mittlerweile wesentlich entspannter. Ihr Stresslevel ist durchgehend niedrig, es sei denn, sie fühlt sich durch irgendetwas beunruhigt. Ohne Vorwarnung ist sie dann aufgeregt und bis zum Zerreißen angespannt. Den Grund dafür kennt oft nur sie. Ich gehe davon aus, dass es auch manchmal die Schatten der Vergangenheit sind, die sie einholen, überfallen und sie derart übertrieben reagieren lassen. Ich verstehe das und das ist gut für Isa, denn sie kann sich angenommen und verstanden fühlen."

Kein Wunder, dass ich Mama nach anfänglichen kleinen Schwierigkeiten dann doch nach und nach immer lieber gewonnen habe. Mittlerweile passt zwischen uns kein Stück Papier. Das ist so ein witziger Menschenspruch, den ich mal aufgeschnappt habe. Ergibt nicht wirklich Sinn, klingt aber gut und beschreibt besonders treffend die Situation des nächtens, wenn ich mich ganz dicht zu ihr lege. Fell an Haut sozusagen. Dann weiß ich, hier kann mir nichts passieren, alles ist gut.

Katermänner und Menschenmänner

Im Großen und Ganzen klappt es ganz gut mit uns zwei Weibern. Sie bekommt manchmal Männerbesuch, damit meine ich die Söhne, andere Verwandte, Freunde und manchmal ist auch einer dabei, den sie dann Schatz nennt. Ich bin Schatzi, nicht verwechseln bitte. Schatz bleibt nie lang. Dann dauert es meistens ein bisschen, dann macht ein anderer Schatz einen Versuch, bleiben zu dürfen. Bisher hat das nicht besonders gut geklappt. Ich weiß, was die alle falsch machen, ich sage es denen aber nicht, sonst bleibt mal einer, am Ende noch für immer. Ich mag es zwar, wenn ein Mann da ist, und da ist es mir dann auch egal, ob Sohn, Freund, Cousin, Nachbar oder Schatzmann. Aber für immer und ewig wäre ich gern weiterhin in der Frauen-2er-WG.

Menschenmänner sind toll. Wenn Menschenmänner Schwiegersöhne und Söhne sind, ist es am tollsten. Keine Ahnung, was ein Schwiegersohn ist, aber genau wie Söhne helfen die immer. Einer hat mich in die Klinik gefahren, damals wegen dem Darmverschluss. Einer hat mich in der Pampa abgeholt, als ich aus Spanien irgendwo in Deutschland ankam. Einer bugsiert mich sehr rücksichtsvoll und zartfühlend in die Transportbox, wenn es denn sein muss. Einer hat sich angeboten, mir Infusionen zu geben. Klingt furchtbar, deshalb habe ich gerade noch rechtzeitig wieder gefressen und Wasser getrunken. Aber er hätte es getan. Für mich!

Achso, ich wollte erzählen, was die Schatzmänner falsch machen. Manche mögen mich nicht! Sie sagt dann, das geht gar nicht. Sage ich auch. Andere meinen, sie könnten hier nach dem zweiten oder dritten Besuch gleich einziehen und bringen beim ersten Mal gleich Hausschuhe mit, die sie dann hier deponieren. Geht auch nicht. Bei einem habe ich mal mitbekommen, dass er das Handy von Mama inspizierte und irgendwo hektisch rumdrückte, als sie in der Küche war. Ich wollte ihr das sagen, wusste aber nicht wie. Aber sie ist clever und hat es gemerkt. Er kam dann auch nicht mehr wieder. Ein anderer hat viel über Deutschland, Ausländer, Flüchtlinge und deutsches Erbgut gesprochen. Der kam auch nicht mehr. Momentan kommt keiner. Bin mal gespannt, ob wieder mal ein Schatz sich hier reintraut. Aber ich vermute mal, dass sie so ähnlich tickt wie ich. Wir brauchen keine Männer, weder Kater noch Schatzmänner. Man hat nur Ärger mit den Kerlen. Ich denke zwar manchmal noch an die beiden Kater in Spanien. Der eine, der Räudige und der andere, der Einäugige. Und naja, Balou ist mir sowieso ans Herz gewachsen, aber nur, weil er ja ein eigenes Zuhause hat. Der käme nie auf die Idee, seine Hausschuhe hier reinzustellen, wenn er welche hätte. Balou ist eben ein Gentleman und weiß, was sich gehört.

Balou

Balou ist ein wunderhübscher Kater. Gut gebaut, kräftige Statur, graublaues Fell, bernsteinfarbene Augen. Sein Gang ist geschmeidig und doch so männlich. Er ist von edlem Geblüt, oder anders ausgedrückt, er ist eine Rassekatze, und genauso edel im Charakter. Im Wesen ist er vertrauenswürdig und wenn ich einer anderen Katze, besser gesagt einem Kater vertraue, dann heißt das was. Balou wohnt nebenan, mit seinem Kumpel Mio und seiner Mama Stefanie. Sie ist auch gleichzeitig meine Pflegemama, wenn meine mal wieder unbedingt meint, sie müsse in der Weltgeschichte herumkutschieren und mich alleine lassen. Dann kommt Stefanie, füllt meinen Napf, macht mein Klo sauber und kuschelt mit mir. Und bringt meistens Balou mit. Mit dem Kater von nebenan war es nicht von Anfang an harmonisch. Ich erzähle mal der Reihe nach.

Balou kam im zarten Alter von einem halben Jahr zu Stefanie. Er war ein ganz süßes Katzenbaby, aber da haben wir uns noch gar nicht gekannt. Meine Mama hat mal einer Freundin von den ersten Wochen mit den Nachbarskatzen erzählt und da habe ich neugierig meine Ohren gespitzt. Ja, ob Sie es glauben oder nicht, ich bin wahrscheinlich ein Sprachgenie. Es hat nämlich ab meiner Ankunft nicht lange gedauert, bis ich die Sprache ganz gut verstehen konnte, mit der sich die Menschen hierzulande verständigen. So bekam ich genau mit, was sie über Balou erzählte. Ich zitiere sie mal aus dem Gedächtnis:

„Als Balou bei Stefanie eingezogen ist, war er noch ein kleines Baby. Man sah ihm sofort sein sanftes Gemüt an. Er war kein Rowdy, kein Draufgänger, keiner, der immer mit dem Kopf durch die Wand muss. Aber er war auch kein Angsthase und kein Weichei. Neugierig eroberte er sich seine neue Welt, die Wohnung, in der er von nun an leben wird. Solange Stefanie daheim war und vor allem, solange keine unheimlichen Geräusche zu vernehmen waren, verhielt er sich gelassen. Aber sobald er längere Zeit alleine war und wenn es dann auch noch Gepolter oder anderen Lärm aus einer anderen Wohnung oder von draußen zu hören gab, wurde aus dem kleinen, gelassenen Fellknäuel ein Nervenbündel. Da Stefanie viel arbeiten musste, und ich zu dieser Zeit viel zu Hause war, bot ich mich an, tagsüber mal nach ihm zu sehen, solange er noch so ein kleines Katzenbaby war. Das nahm der süße Kerl auch dankbar an. Trotzdem war ich ja eine Fremde für ihn und das veranlasste ihn, sich jedesmal, wenn ich die Wohnung betrat, auf den obersten Punkt des neuen Kratzbaums zu retten. Der kluge Kerl wusste anscheinend ganz genau, dass der Kratzbaum sein Revier war, das von den Menschen nicht erobert werden konnte. So saß er dann also ganz oben und schaute herunter, während ich auf dem Sofa saß, das direkt neben dem Kratzbaum stand. Da ihm die ganze Sache nur halb geheuer war, maunzte er immer wieder, was das Zeug hielt. Ich wusste nicht so genau, hatte er Angst, oder wollte er auf Katzenbaby-Art Kontakt mit mir aufnehmen? Es war aber auf jeden Fall ohne Zweifel ganz deutlich erkennbar, dass er zitterte an Arm und Bein." Ich muss mal kurz erklärend einfügen: Sie meinte „an Vorder- und Hinterpfoten".

„Instinktiv machte ich das Richtige, denn ich fing an, zu summen. Irgendwas. An die Melodie kann ich mich nicht mehr erinnern, vielleicht war es auch gar kein bestimmtes Lied. Balou hat sich sofort beruhigt. Er schaute mich unverwandt an, hörte auf zu zittern und maunzte auch nicht mehr, sondern begann schon nach kurzer Zeit zu schnurren. Ich summte, er schnurrte."

Übrigens macht Mama das auch mit mir, wenn ich mich wieder mal von Geistern verfolgt fühle oder wenn ich Bauchweh habe, und das habe ich leider ziemlich oft. Am liebsten ist es mir, wenn sie summt, während ich auf ihr liege und chille. Das vibriert dann unter mir so schön! Fast ist es so, wie es ganz früher war, ganz lange zurück, als ich noch sehr klein war und bei meiner richtigen Mutter liegen durfte. Daran habe ich nur ganz kleine Fetzen der Erinnerung. Aber wenn Mama summt und ich dazu schnurre, dann ist meine Welt total in Ordnung.

Zurück zu Balou. Mittlerweile ist er natürlich kein Baby mehr. Als ich ihn kennenlernte, war er schon erwachsen und hatte einen Katerkumpel. Erst war es Sheldon, ein ganz edler Rassekater. Er war wohl das hübscheste Katzenbaby, das meine Mama jemals gesehen hatte. Kein Wunder, mich kannte sie ja nicht als Baby. Und übrigens sind katzenliebende Menschenfrauen ohnehin so gestrickt, dass sie alles, was Fell hat und nach Katze riecht, total süß finden. Wenn das Katzenfell mit lebendem Inhalt dann auch noch jung ist, also ganz jung, babyjung sozusagen, flippen sie regelmäßig aus. Meine Menschin ist da ganz genauso. Wenn sie aber von Sheldon erzählt, bekomme ich jedesmal so ein unbestimmtes Gefühl, dass sie mit ihrer Beschreibung nicht übertreibt. Ich meine, haben Sie schon jemals ein Katerbaby gesehen, dessen Augen wie von Kajal umrahmt aussehen? Sheldon hatte das wohl und ich bin mir sehr sicher, dass Tante Stefanie hier nicht mit ihren Schminksachen nachgeholfen hat. Zum lieben Sheldon will ich Ihnen gar nicht viel mehr erzählen, denn ich möchte Sie nicht traurig machen. Sheldon ist nämlich schon mit 6 Monaten über die Regenbrücke gegangen. Diese Scheißkrankheit FIP hat ihn mitgenommen. Entschuldigen Sie bitte meine Ausdrucksweise. FIP ist eine immer tödliche Krankheit, die jeden und jede von uns Katzen treffen kann. Leider traf es Sheldon. Die Menschen haben einen Spruch, den ich schon öfter mal gehört habe: Die Besten sterben jung. Lieber Gruß an Sheldon.

Weil Balou an einen Katerkumpel gewöhnt war, hat Stefanie Mio zu sich geholt. Mio ist ein ganz bemerkenswerter Kater und zwar deshalb, weil er spindeldürr, aber drahtig ist, sehr beweglich, extrem schnell und geschickt im Klettern. Sein Fell ist von einer ganz ausgefallenen Farbe. Freundlich ausgedrückt: extravagantes Schlamm mit zarten Reflexen von Grau. Er hat süße Puscheln an den Ohren und ein kleines eingedrücktes Näschen. Einfach süß, der Kleine. Kleine? Naja, mittlerweile ist er auch schon erwachsen, aber er ist im Vergleich zu mir oder zu Balou ein frecher Winzling. Mio ist aber auch laut, nervig und quengelig. Das kann ich nicht leiden. Kann der Kerl sich nicht mal zusammennehmen? Wenn ihm was nicht passt, quengelt er. Wenn er irgendetwas haben will, quengelt er. Wenn er irgendwo rein oder raus will, quengelt er. Und zwar so laut und penetrant, dass die Menschen meistens sofort machen, was er will. Jetzt könnte man auch bewundernd sagen, dass es sich um einen guten Trick handelt und Mio seine Menschen im Griff hat. Ich nenne es einfach schlechte Manieren. Gentleman Balou ist da ganz anders. Niemals habe ich ihn unbeherrscht erlebt, niemals war er laut und polternd. Er ist ein höflicher Kater, wie man sich seine Mitwesen nur wünschen kann, egal ob Kater oder Mensch. Wenn alle Lebewesen so wie Balou wären, gäbe es auf der Welt weder Krieg noch Hass. Er ist nicht unterwürfig oder so, nicht dass Sie mich falsch verstehen. Wenn es drauf ankommt, weiß er ganz genau, wie er zu dem kommt, was er erreichen möchte. Aber er würde niemals auf die Idee kommen, sich das mit Gewalt zu holen oder unhöflich zu sein. Beispiel Futter:

Die ersten paar Male, als mich Balou und Mio besuchten, und sie weiter kamen, als über die Schwelle (weil ich sie erst einmal nicht rein lassen wollte und mein Refugium verteidigte) hatte ich Angst um mein Futter. Wer jemals so viel Hunger und Not gelitten hat, wie ich in den früheren Jahren meines Lebens, weiß einen gefüllten Futternapf zu schätzen. Obwohl ich theoretisch weiß, dass Teilen eine Tugend ist, war ich erst nicht bereit dazu. Zu wertvoll war mir die Tatsache, dass ich immer dann, wenn ich Hunger hatte, sogar in zwei Näpfen etwas vorfand. Eine Schale ist für Nassfutter, die andere für Trockenfutter und die dritte ist für Wasser. Trockenfutter und Wasser sind immer da. Wenn ich sage „immer", dann meine ich „immer". Stellen Sie sich vor, welch ein Luxus das ist, wenn eine ehemals fast verhungerte Katze jetzt immer Nahrung und Wasser zur Verfügung hat und sie nicht darum kämpfen muss. Ich bin so dankbar dafür, aber lange Zeit hatte ich Angst, dass sich dieser paradiesische Zustand von heute auf morgen ändern könnte. Daher war ich allzeit bereit, mein Futter zu verteidigen. Balou und Mio durften nun zwar rein, aber kaum, dass sie eine Pfote über die Schwelle gesetzt hatten, flitzte ich in die Küche und stellte mich quer vor den Futterplatz. Wie nur wir Katzen es können, machte ich mich etwa doppelt so groß und breit, bauschte meinen Schwanz zu Rekordgröße auf und setzte meinen wildesten Blick auf. Mein Körper war zum Zerreißen gespannt. Der gute Mio erkannte sofort, dass man mich in diesem Zustand am besten in Ruhe lässt. Aber Balou erkannte noch was, nämlich, dass es sich wohl lohnen könnte, mich zu besänftigen und mir auf Katzenart gut zuzureden. Er legte sich in gebührendem Abstand platt auf dem Boden und blinzelte mich an. Für Nicht-Katzenspezialisten: Wenn Katzen ihre Artgenossen anblinzeln, heißt das so viel wie: Von mir geht keine Gefahr aus, wenn du mir nichts tust, tu ich dir auch nichts und außerdem mag ich dich. Clevere Katzen versuchen, dieses Signal auch zu den Menschen zu senden und weil es viele Bücher zum Thema Kommunikation Katze/Mensch gibt, wissen viele Katzenbesitzer auch, was es zu bedeuten hat. Mama weiß es übrigens auch.

Die nächsten paar Male wurde ich immer weniger panisch und irgendwann traute ich mich sogar, in Gegenwart von Balou zu fressen. Er verhielt sich ganz wunderbar. Man könnte ja erwarten, dass er gleichzeitig auch was haben wollte. Aber nein. Er blieb hinter mir auf dem Küchenboden liegen und wartete. Als ich fertig mit Fressen war – eigentlich hatte ich gar keinen Hunger, das war mehr Show – begab er sich langsam und vorsichtig ebenfalls zur Futterstelle. Ich schaffte es mit seiner Hilfe! Er bekam keine drübergezogen, er wurde nicht angefaucht und ich stellte mich ihm auch nicht in den Weg. Ich ließ ihn fressen und konnte sogar zuschauen. Mama hielt sich aber auch an die Regeln. Sobald Balou und Mio wieder in ihrer Wohnung sind, füllt sie die Näpfe wieder auf. Immer. Bis heute.

Und dann gibt es da noch Mephisto

Mephisto kenne ich nicht persönlich und doch sind wir uns so verbunden. Wir sind ganz modern und chatten miteinander. Mephisto wohnt auch in Deutschland, aber irgendwo anders als ich. Er gehört zu einer gewissen Moni, die ist auch Schriftstellerin wie Mama und deshalb kennen die sich. Also nicht persönlich, sondern auch nur über Mail, Skype, WhatsApp und Facebook. Ja, Sie fragen sich vielleicht, wieso ich das alles weiß und ob ich mich damit auskenne? Naja, auskennen wäre jetzt zu viel gesagt, aber immerhin habe ich ein eigenes Facebookprofil[2]. Ich erzähle mal der Reihe nach.

Moni und Mama haben schon ganz viel zusammengearbeitet. Eines Tages hat Moni ein Buch geschrieben über ihren Kater Mephisto. Das heißt übrigens: „Der Weltfrieden und so"[3]. Und während sie das geschrieben hat, hat sie dem Mephisto ein Facebookprofil gemacht, damit er schon mal was über das Buch erzählen kann. Marketing nennen die Menschen das. Ist für mich in Ordnung, denn so sind wir, also Mama und ich, überhaupt auf Mephisto aufmerksam geworden. Weil er so außerordentlich attraktiv ist, dazu noch mutig und auf eine ganz süße Art frech, waren wir nicht die Einzigen, die auf ihn abgefahren sind. Die Folge war, dass

---

[2] Isolde die Katze

[3] ISBN 9781519672209

ganz viele Katzen mit Hilfe ihrer Menschen versucht haben, Kontakt mit dem Herzbuben aufzunehmen. Unter den vielen Zuschriften wäre meine dann auch beinahe untergegangen. Aber dann hat er mein Foto gesehen, das Mama veröffentlicht hat und dann war es um sein Herz geschehen. Was für eine Ehre für mich. Wir haben dann viel hin und her gechattet. Bedauerlicherweise konnten wir nicht zusammenkommen, denn die Entfernung war dann doch zu groß. Aber eine ganze Zeit lang haben wir es wie die modernen Menschen gemacht, die im Internet flirten. Das war schön! Ach Mephisto, irgendwie fehlst du mir. Ich habe in seinem Buch übrigens ein extra Kapitel bekommen. Das heißt „und dann kam Isolde". Da kann man nichts sagen, gell. Sind Sie jetzt neidisch? Ein bisschen vielleicht?

Der gute Mephisto hat es übrigens auch nicht leicht. Klar, er wird geliebt, hat eine Zuhause und mehr als das, er hat eine Familie. Er hat zu fressen und wird gestreichelt. Aber jetzt kommt's: Nicht nur, dass er mit seiner gebärfreudigen Schwester Lucy zusammenleben muss und deren Bälger. Nein, schlimmer! Er muss mit einem Hund zusammenleben. Also ich weiß nicht, was sich seine Leute dabei denken, so einen stinkenden, ewig winselnden, sabbernden Hundling ins Haus zu holen. Da können die mir noch so viel über Tierschutz und Hunde-Elend in der Türkei erzählen! Überhaupt Türkei. Wo soll denn das nun wieder sein! Und wieso behandeln die ihre Hunde so schlecht, dass man sie nach Deutschland … achso … ich bin ja auch so eine, die wegen schlechter Bedingungen – um es mal vorsichtig auszudrücken, aus einem fernen Land nach Deutschland gebracht wurde. Ich glaube, es gibt sogar Menschen, die sich von ganz weit her auf die Reise hierher machen. Okay, wenn ich es mal so betrachte, dass es überall wo anders elendig ist und hier paradiesisch, dann wünsche und gönne ich es natürlich jedem Wesen, ebenfalls im Paradies zu leben. Es wäre keines mehr, wenn sich hier Neid, Ablehnung und sogar Hass entwickeln würde. So etwas kann ich mir auch gar nicht vorstellen. Deshalb nehme ich meine letzten Äußerungen über die Herkunft von Herrn Niedlich, so heißt der Hund von Moni und Mephisto, mit Bedauern zurück. Aber nur die.

Ich kann mir vorstellen, wie hart es für Mephisto sein muss, aber er schlägt sich wacker, soweit ich weiß. Er hält die Katerehre ganz weit hoch und nicht nur dafür bewundere ich ihn.

Menschenfrauen heißen Stefanie

Ich weiß nicht, ob Sie es schon gemerkt haben: Ziemlich viele Menschenfrauen heißen Stefanie. Besonders die netten. Moni müsste eigentlich auch Stefanie heißen, vielleicht hat sie einen zweiten Vornamen? Mama soll sie beim nächsten Mal fragen, wenn sie sich schreiben. Ich kenne nicht viele Menschen, darunter sind einige Frauen und die meisten heißen Stefanie. Empirisch betrachtet, muss man demnach zum Schluss kommen, dass ungefähr 85% aller Frauen den Namen Stefanie tragen. Heißen Sie vielleicht auch so, falls Sie eine Frau sind? Wenn Sie ein Mann sind und Stefan heißen, gilt das übrigens auch. Mama heißt nicht Stefanie, sie ist wohl eine riesige Ausnahme.

Von Tante Stefanie, die nebenan wohnt, habe ich schon erzählt. Sie ist lieb, ich mag sie. Leider wird sie bald umziehen, und Balou und Mio nimmt sie mit. Wenn Sie dieses Buch lesen, ist sie wahrscheinlich schon weg. Hoffentlich nicht nach Spanien, ich habe aber was mitbekommen, dass sie nur in die Nachbarstadt zieht. Dass ich Balou und Mio, also besonders Balou dann nicht mehr sehe, ist schon sehr traurig. Natürlich ist es auch sehr schade, dass Tante Stefanie dann weg ist. Aber Mama hat schon Ersatz organisiert für die Zeiten, wo sie wieder mal – mir völlig unverständlicherweise – im Urlaub sein sollte. Die Ersatzpflegemama heißt, wie soll es anders sein, Stefanie. Sie kommt zweimal am Tag, füttert mich, gibt mir Leckerlis, macht mein Klo sauber und spielt mit mir. Und dann gibt's da noch eine Tierärztin, die Stefanie heißt. Von der bin ich nicht so begeistert, das liegt in der Natur der Sache. Aber wahrscheinlich würde ich sie sehr gern haben, wenn sie ein ganz normaler Mensch ohne Arztkittel wäre. Mama mag sie und hat Vertrauen zu ihr.

Nur so kann ich es mir erklären, dass sie mich schon ein paar Mal zu ihr in die Praxis geschleppt hat. Obwohl ... einmal war es wirklich dringend nötig und ohne das beherzte Eingreifen von Dr. Stefanie wäre ich heute nicht mehr am Leben. Daher hat sie einen Pluspunkt bei mir. Aber nur einen ganz kleinen.

Nachtrag: Mama hat gesagt, ich soll unbedingt noch hierhin schreiben, dass es auch sehr nette Frauen gibt, die anders heißen. Wir wollen hier ja keinen beleidigen.

Manchmal bin ich krank

Leider muss ich zugeben, dass ich nicht gerade die Gesündeste bin. Katzen dürfen das eigentlich niemals öffentlich verlauten lassen und ich würde das auch im richtigen Leben nicht so deutlich kundtun. Denn Katzen, die zeigen, dass sie krank sind, haben schlechte Karten. Das hat mit unseren Instinkten zu tun und unserer Entwicklung. Wussten Sie eigentlich schon, dass wir Katzen vermutlich die ältesten Haustiere sind? Oder besser gesagt, wir sind Haustiere, die schon sehr sehr lange bei den Menschen leben. Dafür gibt es Beweise! Man fand nämlich in Zypern (keine Ahnung, wo das nun schon wieder ist, aber Sie wissen das bestimmt) ein menschliches Grab, in dem das Skelett eines Menschen zusammen mit dem seiner Katze lag. Das Grab ist über 9.500 Jahre alt! Dieser Fund hat die Vermutung untermauert, dass die ersten Katzen schon vor ungefähr 10.000 Jahren die Nähe der Menschen gesucht haben. Schon damals wussten meine Artgenossen, dass die Sache mit der ständigen Nahrungssuche erleichtert werden könnte, wenn man sich einem Menschen anschließt. Diese wiederum waren eigentlich auch ganz froh über die Katzengesellschaft, denn diese hielten die Mäuse fern. Die Menschen waren damals überwiegend mit Ackerbau beschäftigt. Wo Ackerbau, da Getreide. Wo Getreide, dort Mäuse ... verstehen Sie? Eine Win-win-Situation für alle Beteiligten. Mit Ausnahme der Mäuse vielleicht.

Zurück zur brutalen Realität. Nicht nur in Ländern, in denen die Menschen aus mir unerfindlichen Gründen keine besonders große Liebe zu uns Katzen haben, leben Artgenossen von mir wild und frei. Ich selbst hatte damals ja zumindest einen Bauern und eine Scheune. Damit hatte ich wenigstens ein Dach über dem Kopf. Einen Menschen hatte ich nicht wirklich, auch wenn ich mich ein paar Mal ins Menschenhaus geschlichen habe, um zu versuchen, drinbleiben zu dürfen. Durfte ich aber nicht. Diejenigen von uns, die überhaupt keinen haben, können theoretisch überleben. Sie tun es ja auch, aber halt wie. Das soll jetzt nicht heißen, dass ich Euch Menschen auffordere, uns wild lebende Katzen einzufangen und ins Haus zu holen. Die meisten könnten sich dort niemals eingewöhnen. Sie sind das freie Leben so sehr gewöhnt, dass sie den Schritt, ein Haustier zu werden, niemals freiwillig tun würden. Es kann ihnen aber trotzdem geholfen werden. Ich rede jetzt hauptsächlich von meinen weiblichen Artgenossen. Nicht dass mich die Kater nicht interessieren, aber das Schlimme am freien Leben ist das unkontrollierte Kinderkriegen. Das schwächt die Kätzinnen dermaßen, dass sie nicht mehr genug Kraft aufbringen können, sich auf Dauer „draußen" behaupten zu können. Wenn es den Müttern nicht gutgeht, kann es auch den Babys nicht gutgehen. Eine Mutterkatze, die bei jeder Trächtigkeit Kräfte verliert, kann für jede nachfolgende Schwangerschaft ihren Ungeborenen nicht mehr genug mit ins Leben geben. Die Kleinen kommen dann totgeweiht auf die Welt, sind krank und schwach. Nur die Härtesten schaffen es. Den anderen ist ein schreckliches Schicksal beschieden. Die Not bei den

Katzen draußen ist sehr groß, wussten Sie das? Bei den Katern ist es nicht viel anders, es hat nur andere Gründe. Es geht bei den Jungs nicht um die kraftraubenden Zeiten der Trächtigkeit, um die Geburten ohne Hilfe, um die zehrende Aufzucht der Jungen ... aber Kater, die nicht kastriert sind, glauben in einer Tour, miteinander kämpfen zu müssen. Dann gibt es Verletzungen, die eigentlich nur ein Mensch heilen könnte. Aber wie sollen die verletzten Kater denn dorthin kommen? Das hätte ich auch nicht gedacht, dass ich jemals für Dr. Stefanie und ihre Berufskollegen eine Lanze breche. Ob diesseits oder jenseits der Grenzen (die interessieren uns Katzen sowieso nicht, für uns sind alle Katzen gleich. Hab mal gehört, dass dieser Gleichheitsgrundsatz auch für Euch gilt, aber ich glaube, das ist oftmals nur eine schöne Vorstellung von Realität). Also ob diesseits oder jenseits der Grenzen können Sie etwas für die freilebenden Katzen tun. Keine Angst, ich bitte Sie nicht darum, höchstselbst eine wilde Katze einzufangen und zum Tierarzt zu bringen. Dafür gibt es Menschen, die sich gut damit auskennen. Sie fangen wilde Katzen ein, lassen bei denen das machen, was der Doktor bei mir und andere Tierärzte bei Balou und Mio gemacht haben, damit sie keine Kinder mehr bekommen. Danach lassen sie sie wieder frei, sofern sie gut genug beieinander sind, sich aller Voraussicht nach weiterhin draußen behaupten zu können. Das kostet Geld, und dafür gibt es Vereine. Tierschutzvereine. Wenn Sie einen Euro oder so übrig hätten ... aber ich will sie nicht anbetteln.

Ich wollte ja sowieso etwas ganz anderes erzählen. Nämlich von meinem gesundheitlichen Zustand. Der ist nämlich alles andere als einwandfrei. Ich wäre zum Beispiel so eine Katze, die sich draußen nicht behaupten könnte und deshalb bin ich in der Obhut von Menschen bestens aufgehoben.

Fangen wir mal mit meinen Knochen an. Ich habe nämlich Rücken. Irgendetwas stimmt mit den Wirbeln nicht. Die sind zwar alle da, aber sie halten die Reihenfolge nicht ein, in der sie angeordnet sein müssen, jedenfalls habe ich das so verstanden, als Dr. Stefanie das mit Mama besprochen hat. Sie sagte irgendwas von falschen Abständen und von einer geraden Linie, die nicht da ist oder so ähnlich. Fakt ist, mir tut manchmal der Rücken weh und ich kann mich auch nicht so geschmeidig bewegen, wie es einer Katze würdig wäre. Mein Gang ist eher speziell. Ein bisschen breitbeinig und nicht rund. Meine Hüften schiebe ich beim Gehen hin und her. Was bei Menschenfrauen gut aussieht, wirkt bei mir eher peinlich. Aber mich sieht ja fast keiner. Die verschobenen Wirbel hindern mich auch am Springen. Ich könnte vielleicht hoch und weit hüpfen, aber ich trau mich nicht. Ich gehe da lieber auf Nummer Sicher und nehme zum Beispiel für den Sprung aufs Fensterbrett den Umweg über den Sessel. Meinen Kratzbaum habe ich lange Zeit nur von unten gesehen, bis ich mich dann nach und nach doch getraut habe, ihn stufenweise zu erklimmen. Aber dass man auch ganz oben sitzen kann, hat mir erst Balou gezeigt. Der kann nämlich mit zwei Sätzen ganz nach oben springen! Ich brauche dazu mehrere Zwischenstationen, aber mittlerweile traue ich mich ab und zu auch bis ganz nach oben. Mama schaut dann immer ganz überrascht und lobt mich, ich weiß nicht so genau, wofür. Aber es gefällt ihr offensichtlich, wenn ich mutig bin.

Neben Rücken habe ich auch Bauch. Laut Dr. Stefanie bin ich eine ganz große Ausnahme, denn ich kann meinen Bauch so stark anspannen, wie das eine Katze eigentlich gar nicht kann, hat sie gesagt. Ob das nun gut oder schlecht ist, weiß ich nicht genau. Mir egal, ich muss ihn anspannen, es geht nicht anders. Mir tut der Bauch nämlich immer wieder ziemlich weh und wenn ich ihn ganz arg anspanne, geht es besser. Mama hat das natürlich längst gemerkt. Manchmal will sie daran herumdrücken, vielleicht will sie den Bauch lockerer machen oder was weiß ich. Ich mag das nicht und deshalb kann sie das nur machen, wenn ich entweder ganz geduldig mit ihr bin, oder wenn ich schlafe. Im Halbschlaf habe ich dann was Seltsames bemerkt, denn wenn ich ganz entspannt auf meiner Decke oder auf einem meiner anderen Lieblingsplätze liege, ist mein Bauch weich! Dr. Stefanie hat nicht herausgefunden, was mit meinem Bauch los ist. Manchmal muss man auch nicht alles wissen. Es ist halt einfach so. Wahrscheinlich die Psyche ... das sagen doch die meisten Ärzte in solchen Fällen?

Es ist aber nicht damit getan, dass mein Bauch oft hart ist. Er ist nämlich auch kugelrund. Das führt dazu, dass ich bei Germanys next Catmodell ganz bestimmt kein Foto bekommen würde, denn irgendwie habe ich eine seltsame Figur. Von hinten betrachtet sind meine Hüften ganz schmal. Sie münden in eine noch schmalere Taille, die ohne Übergang in einen kugelrunden Bauch übergeht. Meine Schulterblätter stehen zu weit heraus, die Linie zwischen Hals und Schwanz ist krumm und ich laufe schief.

Außer Rücken und Bauch habe ich auch Magen. Das führt dazu, dass ich ziemlich oft kotzen muss. Nun weiß ich ja, dass nahezu alle Katzen regelmäßig ihren Mageninhalt nach draußen befördern. Das ist normal und muss so sein. Wir Katzen schlucken nämlich bei der Körperpflege unsere eigenen Haare und was für Sie als Mensch vielleicht unverständlich ist, das ist für uns ganz normal. Nun ist es aber so, dass Haare nicht verdaut werden können. Sie werden entweder durch uns hindurch transportiert, bis sie hinten wieder rauskommen – oder wir sammeln sie im Magen, was nur wir Katzen können. Wir zwirbeln sie nämlich zusammen, bis ein ziemlich kompakter Haarballen entsteht und der wird dann ausgekotzt. Sollten Sie als Mensch so etwas bei einer Katze einmal bemerken, schimpfen sie bitte nicht und um Himmels Willen, bringen Sie sie nicht zum Tierarzt. So ein Verhalten ist völlig normal und kommt so ungefähr alle ein bis zwei Wochen vor.

Wir kotzen aber auch, wenn wir das Gefühl haben, etwas Falsches erwischt zu haben. Pflanzen zum Beispiel. Ihr Menschen habt ja einen Blick für Schönes und Ihr liebt Zimmerpflanzen. Nun sind aber die meisten davon für uns Katzen giftig. Nicht alle sind gleich viel giftig, aber nur ein bisschen giftig reicht schon, um uns ziemliche Probleme zu bereiten. Das Ding ist nämlich, dass die meisten meiner Artgenossen es sehr lieben, an Blumen, Blättern, Blüten, Stängeln und was sonst noch alles dran und drin ist in den Blumentöpfen, zu knabbern. Ich mag das ganz besonders. Daher hat meine Mama keine Blumen in der Wohnung, was wir beide sehr bedauern. Was ich sagen wollte: Wenn eine Katze nach dem Genuss von Zimmer- oder Balkonpflanzen kotzt, ist das gut so, denn dadurch wird das mögliche Gift aus dem Körper katapultiert, bevor sich Schlimmeres ereignen kann.

Manche Katzen kotzen auch vor lauter Aufregung. Mama hat mal von Willi (Sie erinnern sich? Ihr Herzenskater?) erzählt, dass der immer dann gekotzt hat, wenn sie Koffer gepackt hat.

Ich bitte vielmals um Entschuldigung dafür, dass ich den Ausdruck „kotzen" verwende. Ich weiß, bei Euch Menschen gilt dieses Wort als unfein. Kotzen ist aber genau das: unfein. Ich könnte auch die Bezeichnung „brechen" oder „sich übergeben" nehmen. Aber ganz ehrlich, was oder wer soll denn brechen beim Kotzen? Ich verstehe das nicht. Noch schlimmer ist ja „sich übergeben". Kann mir mal bitte jemand erklären, wieso ich mich übergebe beim Kotzen? Ich übergebe höchstens meinen Mageninhalt dem Teppich, das war's dann auch schon. Also habe ich beschlossen, mich weniger vornehm, dafür aber voll verständlich auszudrücken.

Übrigens: Haben Sie es bemerkt? Ich habe vom Teppich gesprochen. Mama hat extra einen hingelegt, dummerweise ins Wohnzimmer. Jetzt überkommt mich das Kotzen aber in jedem anderen Zimmer, nicht nur im Wohnzimmer. Was glauben Sie, wie ich rennen muss, damit ich es noch rechtzeitig bis zum Teppich schaffe?! Meistens klappt es, ich kann nämlich schnell sein, wenn ich muss. Wahlweise kann ich auch die Bettumrandung im Schlafzimmer nehmen. Aber Mama hat mal zu einer Frau gesagt, die zu Besuch war, dass Kotze auf dem Schlafzimmerteppich nur halb so lustig ist. Der war nämlich ganz billig und dort würden Flecken nicht so schlimm sein. Außerdem ist der ganz dünn und mit einem nassen Lappen ließe sich die Sauerei leichter wegmachen. Na gut, ich will ja nicht unlustig sein und ihr den Spaß verderben. Dann eben der Wohnzimmerteppich. Ich bin mir aber trotz jahrelanger Übung noch immer nicht sicher, ob ich lieber die große einfarbige Fläche in Hellrosa nehmen soll oder den Rand, der ist nämlich in mehreren Farben gestaltet und dort sieht man die Flecken nicht so. Bis ich mir sicher bin, wechsle ich immer mal ab. Gelegenheit dazu habe ich reichlich. Warum ich so viel kotze, viel mehr als andere Katzen, habe ich mir sagen lassen, weiß keiner. Auch nicht Stefanie. Ich meine jetzt die Stefanie mit dem Dr. vorne dran. Sie meint, ich sollte nur mit Diätfutter gefüttert werden. Aber mir schmeckt halt das Futter, das ich sonst immer bekomme, viel besser. Und wenn ich immer wieder zum Napf laufe und dort blöke (Sie erinnern sich?), lässt sich Mama erweichen und mischt mir zumindest was vom „Huhn und Rind" unter. Mama hat ein gutes Herz.

Einmal habe ich ganz arg gekotzt. Das ist mir selbst komisch vorgekommen. Mir wurde es ganz anders, als ich stundenlang ganz viel Wasser gespeit habe (hier passt das

Wort Speien, es gibt ja Wasserspeier und sowas). Und der Bauch hat mir wehgetan! Ach Gott hat mir der Bauch wehgetan! Ich wollte gar nichts fressen, so viel Schmerzen hatte ich. Das war nicht zum Aushalten! Am besten ging es noch, wenn ich ganz ruhig liegengeblieben bin. Ich habe geschnurrt wie ein Weltmeister, denn Schnurren heißt für uns Katzen nicht nur „ich fühle mich wohl", sondern auch „ich habe Schmerzen". Haben Sie das gewusst? Egal, jetzt wissen Sie es. Wir schnurren auch, wenn wir uns beruhigen wollen und deshalb schnurren manche Katzen auch beim Tierarzt. Das kann dann zu fatalen Missverständnissen führen, denn die Menschen denken dann, die Sache mit dem Tierarzt sei gar nicht so schlimm. Am Ende könnte man dort noch öfter hingehen. Ich schnurre nicht beim Tierarzt, das war klar, ne?

Als ich so viel Bauchweh hatte und speien musste, habe ich es mit Schnurren probiert. War ja nur für mich. Hat aber nicht geholfen. Mama war weg und als sie wiederkam, wunderte sie sich, warum ich nicht, wie sonst immer, zur Tür gelaufen kam. Als sie die Bescherung in fast allen Räumen sah, denn ich habe mehrmals überall hin gebrochen, rief sie nach mir, aber ich wollte und konnte nicht aufstehen. Dann hat sie mich gesucht und auf dem Sofa gefunden. Sie ist klug. Sie hat sofort verstanden, dass was mit mir nicht in Ordnung war und auch mein Schnurren hat sie richtig gedeutet. Sie tat dann das, was ich befürchtete, was aber auch unausweichlich war: Sie telefonierte mit Dr. Stefanie. Die sagte, wir sollten morgen kommen. Mama wurde panisch, ich merkte es an ihrer Stimme.

Sie sagte: „Morgen ist es vielleicht zu spät."

Das klang dramatisch und schön langsam wurde es mir angst und bang. Als dann auch noch der eine Sohn von Mama kam, derjenige, der in der Familie Katzenflüsterer genannt wird, weil er von allen Menschen, die ich kenne, am besten mit Katzen reden kann, wusste ich, jetzt wird's ernst, ich muss in die Kiste. Nein, nicht so schlimm, wie Sie jetzt vielleicht vermuten, ich meine den Transportkorb. Aber ich überraschte alle, denn als Mama den Korb hinstellte, ließ ich mich ohne Diskussion hineinverfrachten. Irgendwas tief in meinem Inneren sagte mir „Isa, du musst da jetzt durch, sonst wird das nichts mehr." Katzen haben ja bekanntlich sieben Leben, aber weiß ich vielleicht, wie viele ich davon schon verbraucht hatte? Ich wollte auf keinen Fall ein Risiko eingehen.

Aber als wir in der Tierarztpraxis waren und ich auf den Behandlungstisch sollte, gingen dann doch meine Nerven mit mir durch. Die Ärztin und zwei Helferinnen kamen daraufhin mit Handschuhen aus ganz dickem Leder. Die Handschuhe reichten ihnen bis zu den Ellenbogen. Eine brachte auch noch ein Handtuch, das hätten die mir eigentlich über den Kopf werfen wollen, aber denen habe ich was gepfiffen. Obwohl ich mich schon gar nicht mehr richtig bewegen konnte und ich vor Schmerzen halb wahnsinnig war, zeigte ich, was ich draufhatte. Einige Ringkämpfe später hatten sie mich dann aber doch soweit. Ich gab auf. Mama war auch da, und Sie fragen sich vielleicht, warum sie mir nicht geholfen hat. Aber die eine Helferin sagte zu Mama „egal, was passiert, Sie fassen Ihre Katze jetzt NICHT an". Wahrscheinlich hatte sie recht, denn in meiner Panik hätte ich bestimmt nicht unterscheiden können, wen ich da gerade biss und kratzte.

Sie hatten mich also nun in einem ganz schmalen Käfig. Durch die Gitterstäbe wurde mir eine Spritze gegeben. Ich hörte was, dass ich jetzt einschlafen sollte. Na die hatten vielleicht Nerven, wer denkt denn jetzt ans Schlafen! Aber schließlich nickte ich doch ein.

Als ich wach wurde, tat mir der Bauch noch viel schlimmer weh als vorher. Ich lag in einer Box, dort war es zwar hell und auch warm, aber ich wusste nicht, wo ich war. Es kamen immer mal wieder einzelne Menschen und machten irgendwie an mir rum, aber ich kannte keinen einzigen davon. Es roch komisch und wo zum Teufel war Mama!? Sie kam nach einer gefühlten Ewigkeit. Mannomann war ich froh, sie zu sehen. Ob sie mich durch den Chip gefunden hat? Egal, sie hatte mich wieder. Aber Bauchweh hatte ich immer noch und nicht nur das. Mir war fürchterlich schlecht, wenn ich aufstehen wollte, war mir schwindlig, und ich fühlte mich hundeelend (hier passt der Vergleich mit einem Hund).

Mama konnte mich noch nicht sofort mitnehmen, sie musste erst mit einer Ärztin reden. Die hieß bestimmt nicht Stefanie, denn die war gar nicht nett. Auch nicht zu Mama. Sie sagte: „Sie müssen Ihre Katze mitnehmen, sie ist nicht kooperativ."

Ich wusste nicht, dass ich kooperativ sein sollte, geschweige denn, was das hätte sein sollen. Aber so wie ich es verstand, war es gut, dass ich nicht kooperativ war, denn sonst hätte mich Mama nicht holen können, oder wie?

„Aha", antwortete Mama und ich merkte, dass sie mit der Situation auch nicht besonders gut klarkam. „Was muss ich denn zuhause machen, was hier nicht gemacht werden kann?"

„Eigentlich müsste das Tier ..." – sie sagte wirklich Tier – „noch mindestens zwei Tage hierbleiben. Die Vitalfunktionen müssen überprüft werden, die Katze", (na wenigstens hatte sie erkannt, dass es sich beim Tier um eine Katze handelte), „ist nur sehr schwer aus der Narkose wachgeworden. Wir hätten sie beinahe nicht wachbekommen."

„Oh Gott", meinte Mama mit schwacher Stimme. Gern hätte ich ihr gesagt, sie solle sich mal keine Sorgen machen, jetzt war ich ja wach. Aber ich war zu sehr darauf konzentriert, zu verstehen, was die Ärztin noch alles über mich sagte. Wer weiß, auf welche Gedanken die hier noch kommen, ich wollte gewappnet sein.

„ Sie müssen sie anfüttern", das klang ja zumindest nicht schlimm, denn Hunger hatte ich gewaltig.

„Und Sie müssen darauf achten, dass sie Stuhlgang hat. Falls nicht, müssen Sie sofort wieder kommen, denn dann ist der Darm gelähmt". Wieder seufzte Mama und ich dachte, *gelähmt? Hä?*.

„Außerdem sollte sie sich nicht übergeben." Wie vornehm Ärztinnen sein können.

„Und Sie müssen ihr diese Medikamente geben. Und diese. Diese auch noch. Und was gegen die Schmerzen." *Gegen die Schmerzen, das könnten sie mir am besten gleich geben, alles andere können die behalten*, dachte ich.

„Und sie darf nicht an ihre Wunde kommen, ganz wichtig."

Wunde? Aha, jetzt war mir klar, warum es mir am Bauch immer noch so wehtat, aber wieso soll ich da nicht hin? Wissen denn die hier nicht, dass Katzen ihre Wunden durch intensives Lecken heilen?

Naja, sobald ich daheim bin, werde ich gleich damit beginnen. Mir doch egal, was die hier sagen. Kurz nachdem ich das gedacht hatte, kam der nächste Schock!

„Damit sie nicht lecken kann, braucht sie den Trichter." So einen kannte ich schon von früher, der Doktor in Spanien, erinnern Sie sich?

Na toll. Mehr konnte ich nicht denken, denn gleich nachdem sie mir den blöden Trichter um den Hals gebunden haben, bin ich vor Erschöpfung wieder eingeschlafen.

Als ich wach wurde, war ich daheim. Ich habe es nicht gleich gesehen, denn der Trichter störte die Sicht. Aber ich habe es gerochen. So gut riecht es nur daheim. Mama hatte mich offensichtlich aus dem Transportkorb gehoben und aufs Sofa gelegt. Da lag ich nun und schlief gleich weiter.

Ich will Sie jetzt nicht mit der langwierigen Genesungsge-
schichte belästigen. Aber ich muss noch erklären, was eigentlich los gewesen war. Ich wusste es selbst nicht so genau, aber Mama redete die folgenden Wochen mit ziemlich
vielen Leuten über mich und es kam auch Besuch, extra wegen mir! Ich konnte gut zuhören, auch wenn ich wie halb er-
schlagen rumlag und wohl einen sehr besorgniserregenden
Eindruck machte. Nach dem, was Mama sagte, hatte ich einen Darmverschluss. Ein Stück Knochen hatte den Dünn-
darm blockiert und das hatte mir die furchtbaren Schmerzen
gemacht. Der Darm war lahmgelegt, es ging nichts mehr.
Zum Glück habe ich das, was ich nach dem Verschluss noch
gefressen hatte, gleich wieder raus gekotzt. Der Rest, das
viele Wasser, was ich gespien hatte, war eine Notwehr des
Körpers in der Hoffnung, das blöde Ding im Darm auch wieder loszuwerden. Das klappte natürlich nicht.

Was da drin steckte, ist mir bis heute ein völliges Rätsel.
Mama auch. Es soll ein Stück Knochen gewesen sein, aber
ich schwöre, dass ich niemals Knochen gefressen habe.

Den doofen Trichter sollte ich volle 10 Tage tragen. Aber
ich hatte andere Pläne. Am achten Tag war Schluss mit lustig. Ich musste unbedingt an meinen Bauch. Wie ich es geschafft habe, das blöde Ding loszuwerden, sage ich jetzt
nicht. Denn sollte ich mal wieder in eine solche Situation
kommen, will ich mir die Chance auf Trichterfreiheit beibe-
halten. Sie verstehen das sicher.

Mama wurde hektisch, als sie mich ohne Trichter vorfand.
Sie rief sofort wieder in der Tierarztpraxis an. Das machte

sie in letzter Zeit häufiger, denn ich nahm weder meine Tabletten, noch ging ich aufs Klo. Und gefressen habe ich erstmal auch nicht. Ein paar Tage war mir nämlich alles egal. Da konnte Mama noch so sehr nerven, ich wollte einfach nicht. Wann der Punkt da war, an dem ich zu kämpfen begann, kann ich Ihnen nicht sagen. Irgendwas sagte mir, ich könnte es zumindest probieren. Mama freute sich wie eine Schneekönigin, als ich das erste Mal zum Napf trottete und dort eine köstliche Hühnersuppe vorfand. Auf dem Klo war ich dann irgendwann auch, zwar viel zu spät, aber immerhin.

Die Tierärztin sagte am Telefon, dass der Trichter unbedingt wieder dran müsste. Noch zwei Tage. Mindestens. Mama probierte es, aber es klappte nicht. Mir war das recht. Jetzt musste ich es nur noch schaffen, das große Pflaster wegzumachen, das die mir über den ganzen Bauch der Länge nach geklebt hatten. Mein Bauchfell war weg, das habe ich jetzt erst gesehen. Immer wenn ich daran arbeitete, kam Mama angewetzt und wollte mich daran hindern. Naja, irgendwann musste sie ja mal schlafen. Mein Plan ging auf. Mama guckte nicht schlecht! Sie sagte was, wie „oh, du bist da ja ganz wund" und „naja, sieht ja nicht schlecht aus". Sag ich doch. Das Pflaster hatte mir wehgetan. Meine Haut war ganz entzündet, dort, wo es geklebt hatte. Ab dem Moment, wo es weg war, ging es mir schlagartig besser. Und weil ich nicht doof bin, habe ich auch die Wunde in Ruhe gelassen. Ein bisschen dran geleckt habe ich schon, aber ich war erst einmal damit beschäftigt, mich überall zu putzen, nicht nur am Bauch. Schließlich war ich volle 8 Tage nicht in der Lage dazu gewesen. Und ich sage Ihnen, da hat sich ganz schön was angesammelt. Das Schlimmste war der Gestank. Ich hatte den Klinikgeruch überall im Fell hängen. Aber Putzen ist anstrengend, und so bin ich dazwischen immer wieder eingeschlafen. Als dann endlich der Bauch dran kam, war von der Operationsnarbe gar nicht mehr so viel zu sehen.

Wenn Sie nun denken, dass alles gut war, dann täuschen Sie sich. Wie schon erwähnt, gesund ist anders. Als Komplikation von der Darmoperation bekam ich gleich anschließend eine Bauchspeicheldrüsenentzündung.

Da ging es dann nochmal richtig los. Ich kotzte mir die Seele aus dem Leib, hatte unendlich viel Bauchweh und auch ansonsten war nicht mehr viel mit mir los. Ich habe was mitbekommen, dass Mama mit Dr. Stefanie über „einschläfern" gesprochen hat. Da wusste ich, wenn ich jetzt nicht nochmal alle Kräfte zusammennehme und kämpfe, dann wird das wohl nichts mehr mit der neuen Katzenliege im Sommer auf dem Balkon. Es war übrigens gerade Winter. Man kam überein, es erneut mit einem Haufen Tabletten und Schonkost zu versuchen. Schonkost klingt gut, ist es aber nicht. Die haben mir so fürchterliches Zeug gegeben, es hat mir überhaupt nicht geschmeckt. Zum Glück gab es ab und zu Hühnersuppe, frisch gekocht. Aber sonst … decken wir mal lieber den Mantel des Schweigens darüber. Dieses Mal nahm ich meine Tabletten. Ich habe mit Mama ein Spiel daraus gemacht. Sie dachte nämlich, ich merke es nicht, wenn sie die schrecklichen Dinger in ein Stückchen Schinken einwickelt. Klar habe ich das gemerkt, aber ich tat ihr den Gefallen. Sobald es mir besser ging, habe ich die Situation allerdings ausgenützt. Da mussten schon erst einige Stückchen Schinken dran glauben, bevor ich dann endlich die Tablette nicht mehr ausspuckte, sondern runterschluckte. Abends bekam ich dann so ekliges Zeug ins Maul gespritzt. Danach war ich high. Für ein paar Stunden kam ich nicht klar. Meine Pupillen wurden so groß wie Teller, hat Mama gesagt. Ich habe deshalb nichts gesehen, zum Glück hat sie mir das Zeug immer erst gegeben, wenn ich schon auf dem Sofa lag und am Einschlafen war. Aber wenigstens hatte ich ein paar Stunden lang keine Schmerzen.

Naja, was soll ich sagen, Sie treffen mich hier und heute gesund und munter an. Denen habe ich es gezeigt. Von wegen einschläfern. Damit warten wir noch ein paar Jährchen würde ich vorschlagen.

Wenn man nun von all diesen bleibenden und vorübergegangenen Gebrechen absieht, bin ich putzmunter. Wie Mama. Die hat auch dauernd was, manches vergeht wieder, manches bleibt. Ihr Gang ist übrigens ähnlich peinlich wie meiner. Sie sagt, die Knie wären es. Oder auch die Hüfte. Wechselweise auch Rücken. Ich will ja nichts sagen, aber die Jüngste ist sie auch nicht mehr. Wahrscheinlich passen wir auch deshalb so gut zusammen.

Mama ist eine Helikoptermutter

Kennen Sie das Gefühl, wenn Sie sich von einem anderen Menschen tierisch (haben Sie das Wortspiel bemerkt?) genervt fühlen, aber nicht ausweichen können? Entweder, weil Sie zu höflich sind, oder weil der Nervmensch zur Familie gehört, oder weil er ein Arbeitskollege ist – am Ende vielleicht sogar der Chef. Oder aber, weil Sie nicht raus können aus der Situation, weil Sie keinen Wohnungsschlüssel haben. So geht es mir. Wo soll ich denn hin? So wunderbar die 80 qm sind, aber außen rum sind Wände, verschlossene Türen und Fenster. Ich komme hier nicht raus. Das ist meistens nicht schlimm, aber wenn sie mir mal wieder ganz furchtbar auf den Keks geht, dann stoße ich an meine Grenzen. Innerlich wie äußerlich. Dann bleibt mir nur eines übrig: geduldig sein, nachgeben, alles über mich ergehen lassen, nur nicht wehren, denn dann wird es erfahrungsgemäß nämlich immer schlimmer.

Dabei weiß ich ja, dass sie es nur gut meint. Aber zu viel des Guten ist auch nicht immer schön. Sie will halt alles richtig machen und ich nehme auch mal an, dass sie das auch tut. Aber sie muss sich halt immer wieder selbst davon überzeugen, dass auch wirklich alles seine Richtigkeit hat mit der Haltung einer Katze ... also mit mir. Ihr Menschen habt eine Bezeichnung für Mütter, die ihre Kinder niemals aus den Augen lassen, sie immer und überall kontrollieren und sie am besten, sobald sie krabbeln können, mit einer Smartphone-App ausstatten würden, damit sie sofort ausfindig gemacht werden können, wenn sie im Wohnzimmer herumkrabbeln. In diesem Zusammenhang fällt mir wieder mein Chip ein. Darf man Menschenkinder eigentlich auch chippen?

Helikoptermütter, so nennt man solche Menschenmütter. Im Prinzip ist es nicht verkehrt, wenn Menschen auf ihre Kids aufpassen. Es kann ja heutzutage werweißwas alles passieren. Aber wenn es zu viel wird mit der Kontrolle bzw. mit der Aufsicht, kann das Ganze leicht ins Gegenteil umschlagen. Sobald das Menschenjunge nämlich in der Lage ist, selbst über seinen Aufenthaltsort zu bestimmen und im Gegensatz zu mir einen Wohnungsschlüssel hat, ist es nämlich weg, weil es die ständige Überwachung nicht aushält.

Naja, weg will ich ja nicht. Aber manchmal wünsche ich mir schon ein wenig weniger Helikoptermama.

Ich will Ihnen gern ein paar Beispiele aufzählen, wo sie mich besonders nervt.

Thema wiegen. Wie wiegt man eine Katze? Eine Möglichkeit wäre, sie zum Tierarzt zu bringen, die haben da nämlich eine extra Katzenwaage. Ganz schlechte Idee. Man kann es auch so machen, wie wir immer: Der Mensch stellt sich einmal ohne Katze und einmal mit auf eine ganz normale, handelsübliche Waage. Dann braucht man einen Zettel und einen Stift, denn die sowiesokommasowieso Zahlen kann sich keiner merken. Man schreibt das Gewicht mit Katze über das Gewicht ohne und zieht das ohne von dem mit ab. Kapiert? Was dabei rauskommt, wiegt die Katze. Ganz einfach also.

Sollte man meinen. In Wirklichkeit ist das nicht ganz so einfach wie es klingt. Es geht schon mal damit los, dass ich persönlich keinen Bock drauf habe, alle paar Tage eingefangen zu werden und auf ihren Arm zu müssen. Das mag ich nämlich sowas von überhaupt nicht. Dann muss ich auch noch stillhalten, weil die blöde Waage so empfindlich ist. Wenn derjenige, der draufsteht, nicht absolut stillhält, zeigt die nämlich nichts an. So passiert es immer wieder, dass ich zwar tapfer bin und auf den Arm gehe, aber weil ich meine Schwanzspitze bewegt habe, gilt das nicht. Und dann muss ich nochmal. Danach natürlich nochmal, weil die Waage ja vielleicht um ein paar Gramm daneben liegen könnte. Mama wiegt uns immer dreimal. Mindestens. Wenn zwei Ergebnisse gleich sind, schreibt sie diese Zahl auf den Zettel. Wenn bei dreimal wiegen nicht zwei gleiche Zahlen rausgekommen sind, würde sie gerne weiterwiegen. Kann sie aber nicht, denn diesen Quatsch mache ich nicht mit. Ist mir doch völlig egal, ob ich nun kommadrei oder kommavier wiege. Aber sie nimmt es ganz genau. Blöd nur, dass ich meine Schwanzspitze partout nicht stillhalten kann. Die macht sich immer selbstständig und ich kann da gar nichts dafür. Ehrlich.

Ich frage mich ohnehin, was die ganze Wiegerei überhaupt soll. Klar, als ich krank war, da war das wohl irgendwie wichtig, weil ich abgenommen hatte. Aber nun bin ich doch nicht mehr krank und vorher war ich doch auch gesund. Außer Rücken usw., aber dafür ist es doch egal, wie viel ich wiege.

Das Gewicht einer Katze hängt übrigens von der Rasse und natürlich auch vom Alter ab. Deshalb kann man keine genaue Richtschnur festlegen. Klein gebaute Miezen wiegen vielleicht nur 3 kg, und ein ausgewachsener kapitaler Waldkatzenkater, um nur mal ein Beispiel zu nennen, kann auch 7 kg wiegen, ohne wirklich zu viel auf den Rippen zu haben. Aber wer seine Katze genau beobachtet, kann schon erkennen, ob das Gewicht unter oder über der Norm liegt. Die Rippen sollten nicht rausschauen, aber generell sollte man sie ertasten können. Soll jetzt nicht heißen, dass Sie bei Ihrer Katze jetzt ständig den Bauch abtasten sollen, auf der Suche nach den Rippen.

Aber nicht nur beim Wiegen nervt sie mich. Thema Fieber. Haben Sie schon einmal bei einer Katze Fieber gemessen? Hat Mama auch nicht, denn sie kommt da erst gar nicht hin, wo sie hinmüsste. Sowas Peinliches, ich lasse mir doch nicht so ein komisches Ding in den Hintern schieben! Ich protestiere! Aber um festzustellen, ob ich Temperatur habe oder nicht, prüft sie nun dauernd die Nase und die Ohren. Warum um Gotteswillen macht sie das nur???

Übrigens ist es ganz bestimmt auch gut, dass sie nicht in der Lage ist, die genaue Körpertemperatur zu ermitteln, sonst würde sie mich wahrscheinlich dauernd zum Tierarzt schleppen. Im Vergleich zu euch Menschen haben wir Katzen nämlich eine höhere Temperatur. So zwischen 38 und 39 Grad ist normal, ab 39 Grad ist es dann Fieber. Katzenbabys haben eine höhere Temperatur, bei denen sind auch

39,5 Grad noch ok. Generell gilt: Hat Ihre Katze über 40 Fieber, dann bringen Sie sie besser zum Tierarzt. Diese Tipps gelten für den Fall, dass Sie sich beim Fiebermessen entweder besser anstellen als Mama, oder dass Sie eine Katze haben, die bereit ist, jeden Blödsinn mitzumachen.

Thema Puls: Ich gehöre zu den Katzen, bei denen man den Pulsschlag am Hals sieht, obwohl ich dort so ein dichtes Fell habe. Man sieht es allerdings nur, wenn ich in einer ganz bestimmten Haltung dort sitze oder liege. Aus einem mir unerfindlichen Grund ist es ihr wichtig, zu wissen, wie oft mein Herz schlägt. Jetzt zählt sie immer mit und will, dass ich ruhig liegen bleibe. Ach du liebe Zeit, ich sag Ihnen! Eine gesunde Katze hat übrigens einen Pulsschlag von 80 – 140 in der Minute. Nur für den Fall, dass Sie auch mal auf komische Ideen kommen.

Thema Atemfrequenz: So alle paar Wochen stellt sie auf ihrem Smartphone die Stoppuhr auf eine Minute und dann zählt sie mit, wie oft ich atme. Natürlich verzählt sie sich öfter mal, dann fangen wir wieder von vorne an. Ich atme, sie zählt. Eine Katze atmet ungefähr 20 bis 30 Mal in der Minute. Wenn sie Fieber hat, atmet sie schneller, die Ohren sind warm und die Nase trocken. Wie schon gesagt, Ohren und Nase werden sowieso dauernd geprüft. Aber das reicht ihr noch nicht. Unnötig zu erwähnen, dass ich nie mehr als 30 hatte. Auch nicht, als ich so krank war.

Thema streicheln: Ich weiß, es gehört zu meinen Pflichten, mich streicheln zu lassen. Aber manchmal mag ich einfach nicht. Sie will das nicht akzeptieren und selbst, wenn ich tief und fest schlafe, fängt sie manchmal an, an mir herumzustreicheln. Manchmal nimmt sie einen Kamm dazu. Dieser Kamm hat breite und schmale Zinken. Damit will sie mir das Fell schönmachen. Menschenfrau, du kannst das nicht!!! Wann kapierst du das endlich! Ich mach das schon alles alleine, dazu brauche ich deinen blöden Kamm nicht! Merk dir das bitte mal.

Thema spielen: Sie will einfach nicht dann spielen, wenn ich das will. Umgekehrt hält sie mir die Fellmaus vor die Nase und fragt mich dauernd „wo ist die Maus?", um sich gleich darauf selbst die Antwort zu geben: „daaaaaa ist die Maus". Ja, gut, und jetzt? Interessiert mich nicht. Aber eine halbe Stunde später würde ich gern darauf zurückkommen, wenn es recht ist. Ist es aber meistens nicht, weil sie dann am Essen ist oder was liest oder grad ganz wichtige Telefongespräche führt. Dann muss ich sie immer erst ein bisschen kratzen, bis sie endlich die Fellmaus wieder in die Hand nimmt. Denn diesmal möchte ich auch wissen, wo die Maus ist, aahhh da ist sie ja. Blödes Spiel eigentlich, aber wir spielen das jetzt schon seit Jahren. Sie bringt ab und zu andere Spielsachen mit, aber die gefallen mir nicht.

Thema wo bin ich: Ganz egal, in welche Ecke ich mich zurückziehe, sie findet mich. Als ob ich irgendeine Möglichkeit hätte, mich außerhalb der Wohnung aufzuhalten, mit Ausnahme vom Balkon! Wo soll ich denn schon anders sein, als im Bett, auf dem Sofa, unter dem Tisch, unter dem Schrank, im Schrank, unter dem Bett, unter der Zudecke, in der Mulde am Kratzbaum … die anderen Orte, die wahrlich als Verstecke dienen, verrate ich hier nicht. Denn ab und an mag ich es, ganz für mich alleine zu sein. Aber sie sucht mich so lange, bis sie mich findet. Und wissen Sie, wofür? Nur um zu sagen: „Daaaaa ist meine Isa". Dann streichelt sie mir über den Kopf und geht wieder. Und ich bin wach. Prima!

Dasselbe macht sie, wenn ich aufs Klo gehe. Nur das mit dem Streicheln lässt sie dann weg und sie sagt auch nicht, dass ich „daaaa" bin. Aber sie steht sozusagen hinter mir und wartet, bis ich fertig bin. Schaufel und Tüte hat sie schon in der Hand. Ich sehe es ja ein, dass Menschen den Geruch nach Katzenhäufchen nicht leiden können, aber muss das denn jedes Mal so schnell sein? Kaum bin ich aus dem Klo ausgestiegen, kramt sie auch schon drin herum. Manchmal schaut sie auch genau an, was ich dort hineingelegt habe und sagt dann so Sachen wie „Guuuut gemacht, schaut gesund aus". Keine Ahnung, was sie damit meint.

Ich bin jedenfalls froh, wenn alles gut klappt mit dem Klo. Und ehrlichgesagt bin ich auch froh, dass es jedes Mal sauber ist, wenn ich draufgehen will. Aber ein Anstandsviertelstündchen könnte sie schon warten mit dem Saubermachen. Wenigstens so lange, bis mein ureigener Geruch in der ganzen Wohnung verteilt ist.

Ich bin so schön

Sie werden sich vielleicht wundern, warum ich jetzt auf einmal schreibe, dass ich mich schön finde. Wo ich doch weiter oben ausführlich meine körperlichen Gebrechen geschildert habe. Auch das mit dem krummen Rücken und dem schiefen Gang. Trotzdem finde ich mich schön. Ich will Ihnen auch erklären, warum:

Als ich erst ein paar Tage in der neuen Wohnung war, habe ich den Spiegel entdeckt. Der ist im Schlafzimmer und reicht bis zum Boden. Wie ich mich das erste Mal darin sah, bin ich furchtbar erschrocken. Ich dachte nämlich, dass es hier noch eine Katze gibt! Wo ich mich doch gerade erst an den paradiesischen Zustand gewöhnt habe, eine Einzelprinzessin sein zu dürfen. Was ich alles gemacht habe, um die Spiegelkatze zu bekämpfen, bis ich dann gemerkt habe, dass es sich um mein Spiegelbild handelt, schildere ich hier nicht. Das ist zu peinlich. Aber als es dann soweit war, habe ich mich ausführlich betrachtet. Natürlich heimlich, als Mama mal weg war. Was ich sah, begeisterte mich. Halten Sie mich bitte nicht für eitel, aber ich finde einfach, dass ich ein unglaublich gelungenes Produkt der Schöpfung bin. Trotz meiner Macken.

Ich bin mittelgroß. Größer als Mio und kleiner als Balou. Immerhin auch größer als manche kläffende Hunde, die von der besonders nervigen Sorte. Meine Gestalt ist speziell, ich habe das schon angedeutet. Aber gerade das macht mich aus. Ich hebe mich von anderen Katzen deutlich ab. Allerdings werden diese anderen Katzen dann als perfekt beschrieben und gewinnen vielleicht sogar Preise. Ich dagegen werde einfach nur geliebt, wie ich bin, auch mit krummen Rücken und das ist viel mehr wert, als irgendein Preis.

Mein Fell ist ebenfalls außergewöhnlich. Das habe ich ja schon seit jeher vermutet, denn zum Putzen habe ich schon immer länger gebraucht, als andere Katzen, die ich früher dabei beobachten konnte. Bis ich rundherum Ordnung geschafft habe, brauche ich schon eine Weile. Mein Fell ist nämlich unterschiedlich lang. Am Kopf und Hals ist es kurz, an den Schultern und der Brust wird es länger, ganz lang ist es um den Bauch herum und am Rücken und an den Hüften ist es wieder kurz. Langhaarmix nennen das die Menschen, wobei ich mir habe sagen lassen, dass es auch einen Mix gibt, der gleichmäßig am Körper verteilt ist. Lange und kurze Haare immer an einer Stelle, dann sieht man nicht gar so seltsam aus. Aber ich bin eben etwas Besonderes, mein Fell ist strukturiert gemixt. Die Farbe ist übrigens wunderschön. Beziehungsweise die Farben. Schwarz und Weiß.

Das Gesicht ist wunderbar gestaltet, um die Augen herum bin ich pechschwarz, der Rest ist blütenweiß. Der Rest, das sind das Schnäuzchen, die Hälfte der Wangen und das Kinn. Meine Nase ist schwarz mit einem kleinen rosa Punkt. Menschenfrauen malen sich so einen Punkt ins Gesicht und nennen das Schönheitspunkt. Ich habe das von Natur aus. Manche Katzen haben eine rosafarbene Nase. Meine schwarze

hebt sich malerisch vom Weiß ab, mit dem die Nase umran-
det ist. Das Schwarze um die Augen ist sehr praktisch, denn
wenn meine Pupillen groß sind, sieht man kaum, wo ich hin-
schaue.

Die Ohren, der Kopf, der Nacken, alles schwarz. Mein
Körper ist überwiegend weiß, mit einigen schwarzen Flecken, die sehr dekorativ verteilt sind. Als Mama das Herz
entdeckt hat, das ich in Schwarz auf der rechten Seite trage,
ist sie fast ausgeflippt. Ich weiß jetzt auch warum. Der Verein, der mich gerettet und hierher gebracht hat, nennt sich
nämlich „Katzenherzen". Und ich darf das Vereinsemblem
sozusagen am Körper tragen. Diese Tatsache hat mir schon
die Titelseite unseres Kalenders eingebracht, den wir jedes
Jahr rausbringen und zu Gunsten der Vereinskasse verkau-
fen. Stellen Sie sich vor: Ich, Isolde, als Pin-up Girl!

An den Pfoten habe ich auch etwas ganz Besonderes. Die sind nämlich auch zweifarbig. Rosa und Schwarz. Meine Beine sind weiß, aber an der Innenseite, kurz vor den Pfoten, habe ich kleine schwarze Muster. „Wie ein Tattoo", hat sie gesagt, als sie das entdeckt hat.

Das auffälligste Merkmal an mir ist mein Schwanz. Der ist nämlich außergewöhnlich lang. Wenn ich mich hinlege und zusammenrolle, kann ich den Schwanz über mein Gesicht legen, so lang ist er. Und er ist mit wunderschönem langem Fell geschmückt. Jeder, der mich zum ersten Mal sieht, macht eine Bemerkung über meinen schönen schwarzen, langen, mit viel Fell geschmückten Schwanz. Meistens wird mein Kugelbauch erst danach entdeckt. Übrigens hat noch niemand etwas Schlechtes über meinen Kugelbauch gesagt. Meistens ging es nur darum, ob ich vielleicht trächtig sein könnte oder ob ich doch um Himmelswillen nicht krank sei? Keiner hat je gesagt, „oh Gott, wie sieht die denn aus?". Ich habe auch ein bisschen gebraucht, bis ich mich nicht mehr geschämt habe über mein Aussehen. Als ich dann gemerkt habe, dass die Menschen einen trotzdem lieb haben, auch wenn man keine Katzen-Miss-Wahl gewinnen würde, fand ich es dann auch nicht mehr schlimm. Es kommt eben auf die inneren Werte an, und davon habe ich besonders viel zu bieten. Ich bin zum Beispiel geduldig, wie Sie dem Kapitel „Mama ist eine Helikoptermutter" entnehmen können.

Trotz meiner körperlichen Macken finde ich mich schön. Eine leise Ahnung von meiner Schönheit hatte ich schon in meinem früheren Leben als Scheunenkatze. Da habe ich aber noch gar nicht gewusst, wie ich aussehe, denn in der Scheune gab es keinen Spiegel. Aber dass die Kater dermaßen hinter mir her waren, musste ja einen Grund gehabt haben. Es war bestimmt mein bezauberndes Aussehen, mein Herz als Fellzeichnung auf der Seite, mein geheimnisvoll verschleierter Blick und mein wunderschöner Schwanz, der die Kerle verrückt gemacht hat.

Balou dagegen sieht mehr meine Seele. Das erkenne ich an seinen Augen. Mit denen kann er nämlich ganz tief in meine schauen. Ich schaue dann zurück und ich kann auch ganz lange den Blickkontakt halten. Das konnte ich vorher mit noch keinem Kater. Wir schauen uns dabei ganz tiefgründig an und fühlen uns wohl und sicher dabei. Balou findet mich vielleicht auch schön, aber er schätzt eben auch meine Seele. Und wenn Sie mich jetzt um Rat fragen würden, welchen Menschenpartner Sie sich aussuchen sollten, egal ob Mann oder Frau, dann rate ich ganz dringend zu einem, der Ihre körperlichen Unschönheiten einfach übersieht, und stattdessen den intensiven Baloublick drauf hat. Also nur für den Fall, dass Sie auch ungleich langes Haar haben sollten, einen krummen Rücken oder vielleicht sogar einen Kugelbauch.

Die Sache mit dem Katzenfutter

Ich warte ja auf den Tag, an dem sie mir Futter mitbringt, auf dem „Maus" steht. Mäusekatzenfutter scheint zu teuer zu sein, oder warum bekomme ich das nie? Stattdessen kauft sie Ente, Pute, Huhn, Forelle mit Spinat, Eierschaum mit Hühnchen oder Lachs und sonst noch so komische Sachen. Alles lecker, keine Frage. Aber jetzt mal ganz ehrlich: Rind? Ente? Haben Sie jemals eine Katze gesehen, die eine Kuh jagt, erlegt und verspeist? Oder eine Ente, bzw. sogar einen Truthahn? Oder ein ganzes Lamm? Ich kann mir das nicht vorstellen, aber die Futterhersteller offensichtlich schon. Kann denen bitte mal einer sagen, dass wir Katzen am liebsten Mäuse fressen? Vögel gehen auch. Manchmal auch eine Spinne, ein Käfer oder eine Fliege. Wobei letzteres zu den außergewöhnlich exklusiven Leckerbissen gehört, weil sie so selten sind. Nicht etwa, dass es zu wenig davon gäbe, aber man kriegt sie so schlecht. Man muss springen können, wodurch Fliegen für mich schon mal unerreichbar sind. Mit Ausnahme derer, die verletzt, halb taub und ebenso halb tot auf dem Boden herumkrabbeln. Aber das ist dann ja auch nicht fair, sie zu jagen. Wir Katzen sind fair und verschonen unsere Opfer, wenn sie schwach sind. Ich glaube, bei Euch Menschen ist das nicht immer so, kann aber auch sein, dass ich mich da täusche.

Apropos Mäuse: Eine Maus zu fangen ist für mich auch sehr schwer. Nicht nur deshalb, weil es bei uns in der Wohnung logischerweise keine gibt. Aber als ich noch als Scheunenkatze lebte, musste ich mich zwangsläufig von Mäusen ernähren, denn keine von uns Katzen hatte den Luxus von zweimal am Tag gefüllten Näpfen. Sie wissen ja bereits, dass Geschicklichkeit und Beweglichkeit nicht meine Stärken sind und so musste ich oft mit den Mäusen vorlieb nehmen, die sowieso schon tot irgendwo rumlagen. Oder von den Resten, die andere übriggelassen haben. Von Resten leben zu müssen oder gar im Müll wühlen zu müssen, ist auch für eine Katze ziemlich demütigend.

Schnell weg mit den schlimmen Gedanken und zurück ins Hier und Jetzt. Da gibt es nämlich manchmal eine ganz besondere Spezialität: Hühnersuppe. Selbst gekocht. Das ist auch sowas, was es in freier Wildbahn schon alleine deshalb nicht geben kann, weil es dort keinen Herd gibt und weil wir den nicht bedienen könnten, wenn es einen gäbe. Scherz beiseite: Hühnersuppe ist köstlich. Die geht sogar, wenn ich krank bin und gar nichts anderes fressen möchte. Komischerweise hat Dr. Stefanie aber gesagt, dass es nicht gut sei, wenn ich gekochtes Huhn und Suppe bekomme. Sie hat was von zu wenig Nährstoffen gesprochen. Zum Glück hat Mama ihren eigenen Kopf und Internet. Letzteres ist in einem Kasten drin, an dem sie täglich mehrere Stunden sitzt und schreibt. Sie liest auch oft nur. Und bei einer solchen Gelegenheit hat sie gelesen, dass Hühnersuppe oftmals die letzte Rettung ist. Wenn kranke Katzen nichts mehr fressen wollen, ein Süppchen geht immer. Das hat sie damals probiert, als ich wegen Bauchweh nichts fressen wollte und es hat geklappt – und ich bin auf den Geschmack gekommen.

Leider macht sie das viel zu selten. Ich bin noch auf der Suche nach einer Möglichkeit, ihr klarzumachen, dass sie mir Hühnersuppe auch mal machen soll, wenn ich gesund bin.

Was ich auch gern mag, ist Rind. Kuhfleisch ist wohl nur für Katzen gedacht, die mit Menschen zusammenleben, denn ... siehe oben. Rind bekomme ich ziemlich oft, weil Mama sagt, das ist mager und ich muss fettarm essen. Nicht, weil ich zu dick wäre, sondern wegen Bauchweh und so. Was ich nie bekomme, ist Schwein. Warum eigentlich? Im Internet hat sie gelesen, dass Schweinefleisch für Katzen ganz schlimm ist. Gleichzeitig gibt es manchmal Schinken. Schinken!!! Da komme ich doch gleich ins Träumen. Wissen Sie, wie gut Schinken schmeckt? Aber komisch ist, dass der doch auch aus Schweinefleisch gemacht wird, es sei denn, es steht Putenschinken oder Lachsschinken drauf. Der ist doch aus Lachs, oder? Nein? Egal. Jedenfalls gibt es kein Katzenfutter mit Schwein, obwohl es im gekochten Zustand für uns Katzen durchaus verträglich wäre. Nicht, dass ich Schwein essen möchte. Ich überlege mir nur, wer die Entscheidungen darüber trifft, was Katzen fressen können oder wollen.

Es gibt auch kein Katzenfutter mit Vogel. Es gibt zwar Vogelfutter, das ist aber wieder etwas anderes. Vögel dürfen wir irgendwie nicht essen. Wahrscheinlich weil Menschen Vögel mögen und Katzen, die Vögel jagen, werden immer geschimpft. Nun frage ich mich aber: Mögen Menschen denn keine Hühner, keine Enten, keine Kühe? Die dürfen wir doch auch futtern. Warum dann keine Vögel?

Das Futter, das es in Dosen oder Beuteln zu kaufen gibt, nennen die Menschen Nassfutter. Es gibt auch Trockenfutter. Das sind Körner, die man beißen muss. Man kann sie aber auch im Ganzen hinunterschlucken. Trockenfutter ist auch so eine Erfindung von Menschen, von der wir Katzen nicht so genau wissen, warum. In freier Wildbahn habe ich noch nie so etwas gesehen. Trotzdem habe ich mich ziemlich bald damit angefreundet. Wissen Sie warum? Weil es immer zur Verfügung ist. Wenn ich „immer" sage, meine ich „immer". Ständig steht neben meinem Napf fürs Nassfutter eine Schale mit Trockenfutter. Der Napf wird zweimal täglich gefüllt, die Schale ist immer voll. Ich befinde mich demnach in der glücklichen Lage, immer auf einen Snack zurückgreifen zu können, wenn der kleine Hunger kommt. Sie merken, ich schaue aufmerksam Fernsehen und bilde mich weiter. Später mehr dazu.

In puncto Ernährung gibt es noch was, von dem ich Ihnen unbedingt erzählen möchte. Ich kenne es zwar nicht persönlich aus eigener Erfahrung, aber ich habe davon gehört. Es heißt BARFEN und bedeutet, dass eine Katze möglichst naturnah ernährt werden soll. Das wiederum bedeutet, es gibt überwiegend rohes Fleisch. Ich kann Ihnen nicht sagen, ob ich das mag oder nicht, denn wie gesagt, ich bekomme es ja nicht. Soviel ich weiß, müssen Katzen, die Barf bekommen, noch irgendwelche Zusatzstoffe erhalten, sonst gibt es Mangelerscheinungen. Katzenernährung scheint komplizierter zu sein, als wir Katzen es uns vorstellen können.

Mäuse gibt es beim Barfen aber auch nicht. Eher Rind und Pute und so. Ist ja wirklich sehr natürlich! Keine Ahnung, was die Menschen für ein Problem damit haben, Mäuse an Katzen zu verfüttern. An einer eventuell bestehenden, sehr hohen gesellschaftlichen Stellung von Mäusen kann es nicht liegen, denn schließlich stecken sie die Gesellen ja auch ohne mit der Wimper zu zucken in irgendwelche Tierversuche, angeblich für Medizin, kann aber auch sein für Kosmetik oder so. Und an Schlangen werden sie auch verfüttert, sogar lebend. Und sogar Küken! Die sind ja nun wirklich sehr süß, die Küken. Sind denn Schlangen mehr wert als Katzen, dass die lebende Küken bekommen? Oder sind das dann nur die männlichen Küken, die letztlich froh sein können, wenn sie in einem Schlangenschlund landen, als geschreddert zu werden? Fragen über Fragen, auf die es bei Licht betrachtet keine Antwort gibt, die mich zufriedenstellen könnte. Falls Sie in einem dieser Punkte weitergekommen sind und mir diese Sachen erklären könnten, wäre ich Ihnen dankbar.

Mir fällt noch was ein zu den Mäusen. Vielleicht haben Sie eine Katze, die raus darf? Eine Freigängerkatze? Dann ist es Ihnen wahrscheinlich schon mal passiert, dass die Katze eine Maus mitgebracht hat. Kann auch sein, dass die noch gelebt hat. Falls sie schon tot war, hat Ihre Katze die Leiche vielleicht vor der Tür abgelegt. Wenn Sie aber Pech gehabt haben, wurden Sie auf das Relikt aufmerksam, weil es irgendwann so komisch gerochen hat im Schlafzimmer oder so. Bei näherer Suche haben Sie dann ein halbverwestes Etwas unter dem Bett gefunden. Das war dann die Maus der vorletzten Woche. Wenn es auch naheliegen würde, aber schimpfen Sie Ihre Katze bitte nicht. Wir verstehen das nämlich als wertvolles Geschenk an Sie, wenn wir draußen eine Maus fangen und diese nicht fressen, sondern sie auch noch im Maul (!) nach Hause tragen und Ihnen vor die Füße legen. Mehr Liebesbeweis geht nicht. Und dann wird man geschimpft. Das ist frustrierend, beleidigend, empörend und vor allem ist es sehr traurig für die Katze, wenn ihr Geschenk nicht geschätzt wird. Etwas anderes kann sie Ihnen ja nicht geben. Klar verstehe ich auch, dass es für Euch Menschen nicht gerade der Hit ist, eine halbtote Maus vorzufinden, die vielleicht noch so viel Kraft hat, sich irgendwohin zu verkriechen. Unser Jagdinstinkt kann nicht dauerhaft unterdrückt werden und deshalb werden wir nach einiger Zeit versuchen, diese Maus dann doch irgendwann zu erlegen, fachgerecht. Es kann durchaus sein, dass die Jagd mitten in der Nacht stattfindet. Das gefällt Euch Menschen auch nicht, weiß ich aus Erfahrung. Ich mache nämlich nachts auch mal Krach, ohne Maus. Sehen Sie, ich habe Verständnis für Ihre menschlichen Eigenschaften. Wenn Sie als Mensch auch ein bisschen Verständnis für die Eigenschaften Ihrer Katze aufbringen könnten, wären wir alle dem Idealbild von Harmonie ein gutes Stück nähergekommen.

Pflanzen sind kein Futter

Diesen Merksatz habe ich mir ganz groß ins Gehirn gemeißelt. Trotzdem vergesse ich ihn immer wieder. Die schönen Blumen auf dem Balkon sind aber auch zu verlockend. In der Wohnung gibt es fast keine mehr, da hat sie schon vorgesorgt. Nur manchmal, wenn sie einen Blumenstrauß geschenkt bekommt, habe ich auch indoor was zum Knabbern. Egal, ob ich indoor oder outdoor an Blumen nasche, niemals bekommt es mir gut. Die meisten Pflanzen sind für Katzen nämlich giftig. Eigentlich müssten Sie das gut verstehen, wahrscheinlich sind Geranien, Efeu, Tulpen, Osterglocken, Stiefmütterchen und Co. auch für Menschen giftig, denn ich habe noch nie gesehen, dass Menschen daran naschen. Es gibt übrigens auch Pflanzen, die nicht giftig für uns sind. Zum Beispiel sämtliche Arten von Küchenkräutern. Oder auch Grünlilien, Gänseblümchen oder Dahlien. Wenn Sie absolut sicher gehen wollen, dass sich Ihre Katze nicht an den Blumen vergiftet, die Sie vielleicht unwissentlich hingestellt haben, dann machen Sie sich doch bitte kundig, welche Gewächse ungiftig sind und stellen nur solche hin. Dann verläuft auch Ihr Balkonsommer stressärmer, das garantiere ich Ihnen. Sie können im Internet viele lange Listen finden, die genau beschreiben, was gut für uns ist und was nicht. Rosen sind zum Beispiel auch nicht giftig.

Aber da gehen wir sowieso nicht so gern ran, weil die Dornen haben. Wir Katzen wissen instinktiv sowieso, was für uns ungefährlich ist und was nicht, aber bei den verlockenden Blüten, Blättern und Stängeln setzt das Hirn halt aus. Wenn ich dann wieder am Kotzen bin, setzt es wieder ein, aber dann ist es ja schon zu spät. Mama sagt, in diversen Katzenratgebern würde stehen, dass man als Mensch seiner Katze Katzengras anbieten soll. Wenn Sie sich jetzt fragen, was Katzengras ist: Sie können auch ganz normales Gras nehmen. Wieso das in Blumentöpfen für 3 Euro verkauft wird, ist mir ein Rätsel. Mensch, geh doch einfach raus in die Natur, nehme einen großen Blumentopf und eine Schaufel mit, und grabe ein Stück Gras aus, topfe es ein und bringe es mit nach Hause. So einfach wäre das. Statt Katzengras in der Größe eines schmalen Katzenpopos für 3 Euro zu kaufen.

Mama hatte eine gute Idee, sie hat nämlich Grassamen gekauft und in einen wirklich großen Blumentopf gesät. Der war so groß, dass ich mich problemlos darin hineinlegen konnte. Das war toll! Ich konnte mich reinlegen und es gleichzeitig fressen. Hoffentlich macht sie das in diesem Sommer wieder. In den Blumenkasten, den sie an der Balkonbrüstung immer extra für mich freilässt und nicht bepflanzt, könnte sie eigentlich auch Gras säen. Wenn ich nämlich genügend Gras zur Verfügung habe, lasse ich das andere Grünzeug in Ruhe. Gras sollen wir sogar fressen, das brauchen wir, um die verschluckten Haare besser auskotzen zu können. Manche Menschen stellen gerade aus diesem Grund kein Gras hin, weil sie denken, wir müssen wegen dem Gras kotzen. Aber das ist ja nicht so. Wir kotzen uns leichter durch das Gras. Ist das angekommen?

Wenn Sie uns etwas ganz besonders Gutes tun wollen, dann pflanzen Sie Baldrian oder Katzenminze auf dem Balkon oder im Garten. Darin sind wir Katzen nämlich alle gleich. Bei Baldrian drehen wir durch. Auch bei Katzenminze. Wir flippen regelrecht aus, wenn wir den unvergleichlich hinreißenden Duft wahrnehmen. Da macht im Hirn irgendwas klick und wir bekommen einen verklärten Blick. Es kann sogar sein, dass wir dann nicht mehr so genau mitbekommen, was wir tun. Vielleicht benehmen wir uns auch peinlich und ungehemmt. Bitte seien Sie so rücksichtsvoll, und schauen höflich weg, wenn Ihre Katze mal so ähnlich durchdreht. Wir sind nämlich sensible Geschöpfe. Danke.

In diesem Zusammenhang fällt mir noch was ein, was eigentlich in das Kapitel Spielzeug gehört. Es gibt so kleine Kissen, die mit Katzenminze oder Baldrian gefüllt sind. Es gibt auch große Kissen in länglicher Form. Wenn Sie davon mal eins sehen, kaufen Sie es bitte Ihrer Katze. Ich bekomme manchmal so eines und ich sage Ihnen, das ist so, wie wenn Sie als Mensch einen warmen, dampfenden Apfelstrudel mit einer Kugel Vanilleeis und Sahne hingestellt bekommen. Der Genuss könnte nicht größer sein. Besonders liebe ich mein längliches Kissen. Mit dem kann ich kämpfen und schmusen zur gleichen Zeit. Genial, was sich die Menschen alles für uns Katzen einfallen lassen.

Spielzeug

Dann mach ich doch gleich weiter mit dem Thema, wo wir schon dabei sind. Katzen bleiben ein Leben lang verspielt. Darin unterscheiden wir uns von Euch Menschen. Ihr habt zwar als Erwachsene auch Eure Spiele, aber dabei geht es dann meistens um Macht, Geld, irgendwas zu gewinnen oder um Rache und andere Gemeinheiten. Es soll auch Computerspiele geben und irgendwelche Games auf Smartphones. Manche von Euch spielen auch Fußball, aber auch das wird immer gleich so ernst genommen. Da muss man Punkte haben, in irgendeiner Liga ganz weit oben sein oder sogar einen Titel gewinnen. Wie unentspannt! Ganz anders bei uns Katzen. Egal, wie alt wir sind, wir spielen nur deshalb, weil es uns Spaß macht. Solltet Ihr auch einmal probieren, das ist ein echter Gewinn für das Wohlbefinden, wenn man Dinge macht, die Spaß machen, ohne zu überlegen, was es einem bringen könnte.

Klar, Katzenbabys sind noch einen Ticken verspielter. Aber auch nur, wenn das Leben es zulässt, genug Muse zum Spielen zu haben. Dort, wo ich herkomme, geht es für die Kleinen schon am ersten Tag rein ums Überleben. Für Spiele bleibt da wenig Energie. Ich selbst habe bestimmt auch nicht gespielt, als ich noch klein war. Als erwachsene Scheunenkatze hatte ich ebenfalls keine Gelegenheit dazu, zu entdecken, wie schön Unbeschwertheit sein kann. Es hat dann auch eine ganze Zeit gedauert, bis ich nach meiner

Ankunft in meinem neuen Heim begriffen habe, was die dauernd von mir wollen, wenn sie mir eine leere Klopapierrolle oder sonst was vor die Nase hingehalten haben. Mama hat so einen Wedel gehabt. Das war ein langer Stab und vornedran waren bunte Federn. Mit dem hat sie immer vor meiner Nase herumgefuchtelt. Das hat mich genervt, denn ich wollte die Federn erst mal näher anschauen und beschnuppern, aber ich kam nicht dazu, weil sie immer so schnell wieder außer Reichweite meiner Nase waren. Mama sagt, ich habe drei Jahre gebraucht, bis ich zum ersten Mal Andeutungen gemacht habe, die Federn fangen zu wollen. Ich habe es auch geschafft, nur haben das die Federn nicht lange überlebt. Schon bald war der Stab ganz nackig, vorne dran waren nur noch ein paar Federstummel. Es gab einen neuen, aber ich war doch so auf den alten fixiert. Der neue hat mich nicht interessiert, aber den nackten, schäbigen, alten Stab mit den Stummeln vornedran, den haben wir noch immer. Mit dem fährt sie immer unter eine Decke oder unter eine Zeitung, die sie vorher auf den Boden gelegt hat. Welch ein Spaß! Ich versuche, ihn zu fangen und wenn es mir gelingt, werde ich gelobt.

Ein anderes Lieblingsspielzeug von mir ist die Stoffmaus. Die sieht einer echten Maus täuschend ähnlich, nur ist sie größer. Und sie hängt an einer langen Schnur, die wiederum an einem Stab befestigt ist. Die Spielregeln schreiben vor, dass Mama das eine Ende des Stabes festhält und die Maus über das Sofa wirft. Ich springe der Maus hinterher und wenn ich sie fange, werde ich wieder gelobt. Dieses Spiel kann ich stundenlang spielen, sofern ich dazwischen mal kurz einnicken kann. Wie Sie vielleicht wissen, sind Katzen keine Langstreckenläufer. Unsere Aktionen sind immer kurz und heftig, dann brauchen wir wieder Ruhe. Mama hat dann auch Zeit, was anderes zu machen, wenn ich Spielpause habe. Sie liest dann zum Beispiel Zeitung oder ein Buch. Die Angel mit der Maus ist übrigens bei uns immer griffbereit.

Sonst habe ich kein Spielzeug. Das heißt, ich habe schon noch einiges, aber das interessiert mich alles nicht. Mit einer Ausnahme, mein Smiley. Der hat Mausgröße, riecht auch nach der langen Zeit noch nach Katzenminze und ist wunderbar geschmeidig. Er rollt so praktisch unter den Schrank oder unter das Sofa. Dann legt sich Mama mit dem Bauch voran auf den Boden und holt den Smiley mit Hilfe eines Kochlöffels wieder hervor. Das gehört zum Spiel und ich finde das prima. Der Smiley ist deshalb so wichtig für mich, weil ich noch vor dem ersten Federwedel damit angefangen habe, zu spielen. Zum ersten Mal in meinem Leben! Mama hat ihn geworfen und ich bin ihm hinterhergerannt. Wäre ich ein Hund, hätte ich das kleine gelbe Schmuckstück wieder zu Mama gebracht. Aber Katzen machen sowas normalerweise nicht. Ich wartete, bis Mama kam, den Smiley aufhob und ihn wieder geworfen hat. Das war ein bisschen Sport für uns beide. Achso, Smiley heißt er, weil er aus gelber Wolle gehäkelt ist, und mit schwarzer Wolle ist ein lachendes Gesicht drauf gestickt. Mama hat gleich zwei davon gekauft, aber ich nehme nur einen. Der andere wird geschont, für später vielleicht. Ich weiß nicht warum, aber ich renne lieber dem alten hinterher. Der riecht und schmeckt so gut, ab und zu kaue ich nämlich ein bisschen drauf herum.

Was ich auch mag, ist Zeitung. Auf ihr kann man sich so schön drauflegen. Wenn eine große Doppelseite aufgebaut wird, wie ein Zelt, kann man sich auch drunterlegen. Es raschelt so schön, wenn eine Seite zusammengeknüllt und auf den Boden geworfen wird. Darauf stürze ich mich dann immer und tue so, als ob die Zeitung mein Feind wäre.

Ich kann sie fangen, zerfetzen oder auch vor mir herschieben. Das ist ein Heidenspaß!

Es gibt auch eine Art Rennbahn mit Kugel für mich. Die Kugel leuchtet, ich kann sie anschubsen und dann düst sie durch irgendwelche Kanäle und kommt woanders raus, als ich sie reingeschubst habe. Mama hat mir das einmal gezeigt, interessiert mich nicht. Genauso wenig interessiert mich eine Art Pyramide, die auf einem genoppten Untergrund steht. An den Noppen könnte ich meine Krallen wetzen, wenn ich das tun wollte. Will ich aber nicht. Die Pyramide selbst hat mehrere Nischen, in denen ein paar Brocken Trockenfutter deponiert werden könnten, die ich dann wieder rausfummeln sollte. Macht keinen Spaß.

Lieber mag ich die leere Klopapierrolle, noch dazu, wenn Mama sie an eine Schnur hängt und sie damit hinter sich herzieht. Hey, da kann ich ihr nachrennen, mich auf die Rolle stürzen, Mama damit zum Stehenbleiben zwingen, sie gleich wieder loslassen, reinbeißen, draufhauen. Das macht viel mehr Spaß.

My Karton is my Castle

Sie wissen das bestimmt: Katzen lieben Kartons. Ich bin in der glücklichen Lage, mehrere davon zu besitzen. Einer steht auf dem Balkon, einer im Wohnzimmer, und einer war mal gar nicht für mich gedacht. Der war nämlich ganz schmal. Ich dachte, ich probiere es trotzdem mal aus, ob ich vielleicht reinpasse – und es hat geklappt! Klar hätte ich durchaus auch andere Gelegenheiten, mich irgendwo drauf oder reinzulegen. Das mache ich natürlich auch. Aber wenn ein neuer Karton irgendwo rumsteht, ist das mein absoluter Favorit.

Ich kann Ihnen auch erklären, warum ich Kartons so liebe. Mit meiner Vorliebe stehe ich nicht alleine da. Alle Katzen dieser Welt sind ganz verrückt danach. Ach, wenn die Menschen das doch wüssten! Dann könnten sie nämlich ihren Katzen viel öfter eine Riesenfreude machen, ohne Geld dafür ausgeben zu müssen. Ein Karton kostet nämlich nichts. Meistens müssen die Menschen für das bezahlen, was im Karton steckt, bzw. gesteckt hat. Sobald er leer ist, sollte jeder Karton einer Katze gehören. Das müsste man irgendwie im Tierschutzgesetz verankern.

Katzen lieben das Gefühl der Geborgenheit und Sicherheit. Das kennen Sie als Mensch ganz bestimmt auch. Aber nun kommt der Unterschied: Wir Katzen brauchen nur einen alten Karton, um uns darin geschützt und wohl zu fühlen. Menschen brauchen sehr viel mehr, aber das wissen Sie ja selbst. Zurück zum Karton. Ein weiteres Argument dafür, dass man gesetzlich ein Katzengrundrecht auf Karton einführen sollte, ist die Temperatur. Obwohl wir bis auf eine Ausnahme – und das ist die Nacktkatze – überall Fell haben, mögen wir es trotzdem warm. Unsere Wohlfühltemperatur liegt bei 30 – 35 Grad Raumtemperatur. Eure Wohnungen sind selten derart aufgeheizt und das ist auch gut so. Trotzdem fehlt mir manchmal die sonnige Wärme des Südens. Sie erinnern sich, ich bin eine Spanierin. Mehr muss ich dazu wohl nicht sagen.

Pappe ist ein Material, das Wärme aufnehmen kann. Wenn ich zum Beispiel in einem engen Karton sitze, in den ich kaum reinpasse, heizt sich der Karton durch meine Körpertemperatur auf. Merke: je kleiner der Karton, desto mehr warm. Das Material hält die Wärme und in kürzester Zeit hocke ich in einem Wohlfühlraum erster Klasse. Wenn eine Katze sehr nervös ist, kann ein Karton wahre Wunder bewirken. Ich habe mir das alles übrigens nicht ausgedacht. Kluge Menschen haben da mal sogar eine Studie dazu gemacht und zwar in Holland, an der Universität Utrecht (veröffentlicht im Applied Animal Behaviour Science, Official Journal of the International Society for Applied Ethology, Ausgabe November 2014, Volume 160, Pages 86-93: „Will a hiding boxprovide stress reduction for shelter cats?"). Nicht dass Sie glauben, ich könnte Englisch, geschweige denn lesen oder so. Ich gebe es zu, dass „Sie" mir an dieser Stelle ein bisschen geholfen hat. Sie hat gesagt, dass man solche Sachen genau zitieren muss, sonst muss man vielleicht Strafe zahlen. Das wollen wir nicht.

Jetzt könnte man meinen, eine Universitätsstudie läuft hochwissenschaftlich ab. Dabei haben die nichts anderes als Learning by doing praktiziert. Die sind nämlich in ein Tierheim gegangen und haben einigen neu eingetroffenen Katzen Kartons zur Verfügung gestellt. Andere, ebenfalls neue Katzen haben den schlechteren Part an diesem Versuch zugewiesen bekommen, denn die Ärmsten mussten ohne Karton auskommen. Wozu die in Holland wahrscheinlich hochbezahlte Wissenschaftler gebraucht haben, hätte ich Ihnen auch so erklären können – aber mich hat ja keiner gefragt. Nach einigen Tagen konnte man nämlich ganz deutlich den Unterschied im Stresslevel erkennen. Die Katzen mit Karton waren wesentlich ruhiger und ausgeglichener als die Katzen ohne.

Okay, was sie dann noch herausgefunden haben, hätte ich von selbst nicht gewusst: Katzen, denen Rückzugsmöglichkeiten angeboten werden, können ein stärkeres Immunsystem entwickeln, was sich wiederum auf ihre Gesundheit auswirkt. Solche Rückzugsmöglichkeiten könnten natürlich auch anders aussehen. Eine Höhle zum Beispiel oder irgendetwas anderes, was es in Zoogeschäften für teures Geld zu kaufen gibt. Aber ich sage Ihnen, ein alter Karton reicht völlig aus.

Was ich Ihnen damit eigentlich sagen will? Machen Sie Ihre Katze glücklich und schenken Sie ihr bitte einen Karton. Wenn Sie den dann auch noch an einigen Stellen ungefähr 10x10 cm ausschneiden, damit die Kartonbewohnerin rausgucken kann, haben Sie alles richtig gemacht.

Fernsehen

Ich habe es in diesem Buch schon einmal erwähnt: ich schaue viel fern. Nicht zum Fenster hinaus in die Ferne, sondern wie Menschen mittels Fernsehgerät. Wir haben so ein Ding im Wohnzimmer stehen und ich halte es für sehr praktisch, dass einer der Sessel so steht, dass ich von dem aus bequem auf die Mattscheibe gucken kann. Sogar im Liegen. So macht das Mama auch immer, allerdings auf dem Sofa. Um eines mal gleich klarzustellen: Natürlich verstehe ich nicht alles, was sich dort abspielt. Aber trotzdem bekomme ich mit, ob das gerade gut oder schlecht ist, was gesendet wird. Manchmal wird nämlich ganz schrecklich geschrien, gekreischt und geballert. Es kracht und scheppert, irgendwas explodiert, ein Mensch schreit dann immer, also wirklich immer „Oh mein Gott", „Was ist das bloß", und ganz eindringlich „Geh da lieber nicht rein", und derjenige geht dann natürlich erst recht rein, woraufhin wieder jemand „Oh mein Gott" jammert. Solche Sendungen finde ich blöd, aber leider muss ich sie mir oft antun, denn ich habe keine Macht über die Fernbedienung. Hat sie Lust auf Horror, Krimi oder Psycho, dann muss ich da durch.

Manchmal singen sie aber auch im Fernsehen. Entweder alleine oder gemeinsam. Das finde ich schön und ich wundere mich, warum sie immer schnell aus- oder umschaltet, wenn es an der Tür klingelt, denn ich glaube, sie will nicht, dass jemand mitbekommt, dass sie solche Sendungen anschaut. Die kommen meistens Samstagabend und dauern ewig lang. Ich habe herausgefunden, dass immer dieselben

Sänger und Sängerinnen dort auftreten. Allen voran eine gewisse Helene. Sie singen auch jedes Mal die gleichen Lieder und tragen dieselben Kostüme, wie beim letzten Mal. Naja – manche haben eher wenig an. Es gibt aber auch andere Musiksendungen, die sie liebt und die ich deshalb auch oft angucken muss. Da macht ein gewisser Dieter mit, der singt dann aber nicht, sondern sagt immer denen, die grad gesungen haben, ob sie gut oder schlecht waren. Und nach endlosen Folgen gewinnt dann einer oder eine und darf sich Superstar nennen.

Aber darüber darf ich eigentlich auch nicht reden, das ist auch so eine Sendung, für die man sich als Mensch offensichtlich schämen muss. Ich frage mich nur, warum. Manchmal sehe ich im Fernsehen Dinge, wofür sich Menschen wirklich schämen sollten. Die Sendung, in der die das zeigen, heißt irgendwas mit Nachrichten oder News. Komischerweise darf man darüber sprechen, denn es gibt sehr viele Sendungen, wo Menschen miteinander reden. Einfach so. Die reden und der Zuschauer hört zu. Aber das fällt manchmal schwer, weil die oft alle durcheinander reden. Manche schreien auch. Die denken wahrscheinlich, sie müssten die anderen überschreien, um gehört zu werden. Sowas würde uns Katzen niemals einfallen. Wenn einer nervt, gibt's eins über die Rübe und fertig. Ja ich weiß schon, welche Einwände Sie jetzt haben, nämlich dass das nicht Euer Stil ist. In den Nachrichten sehe ich aber was anderes.

Wo ich dann aber mit voller Begeisterung dabei bin, sind diese Tiersendungen, die sie oft anschaut. Egal, ob die im

Zoo sind oder in der freien Natur, ich bin dann immer ganz aufmerksam. Ich verstehe nicht immer, was ich da sehe. Zum Beispiel ist mir nicht klar, wie im Fernsehgerät drin, also direkt drin, Fische sein können. Ich habe probiert, einen zu fangen, aber da hätte dann ich beinahe eine gefangt, denn wenn sie nicht dazwischen gegangen wäre, hätte ich den Fernseher umgeworfen. Seitdem bin ich vorsichtiger und kontrolliere meinen Jagdtrieb, wenn wieder mal so etwas Verlockendes, wie Vögel oder – wie neulich – Eichhörnchen auf dem Bildschirm zu sehen sind. Da schmatze ich dann nur vor mich hin und reiße meine Augen ganz weit auf, damit ich auch alles ganz genau sehen kann. Mama lacht mich dann immer aus, das finde ich gemein. Ich lache auch nicht, wenn sie flennt, weil im Film gerade mal wieder sie ihn nicht kriegt, jemand stirbt oder wenn die Kelly Family singt. Da weint sie auch manchmal, aber vor Rührung. Und das darf ich nicht verraten, hat sie gesagt.

Einmal hat sie aus Versehen auf einen Kinderkanal umgeschaltet, dann hat das Telefon geklingelt und sie hat den Quatsch eine ganze Weile laufen lassen. Also sagt mal, Ihr Menschen! Lasst Ihr Euren Jungen wirklich so einen Unsinn anschauen? Da gibt es ja nichts, was irgendwas auch nur im Entferntesten mit der Wirklichkeit zu tun hat. Wir Katzen bringen unsere Jungen sofort mit der Realität in Verbindung, das ist überlebenswichtig. Aber die Menschenjungen werden mit Rosaglitzer, kieksenden Stimmen, fürchterlich lautem Getöse und anderen nervigen Tönen konfrontiert. Kein Wunder, wenn die Kinder dann unruhig und nervös werden. Hunde machen das übrigens auch so, wie wir Katzen. Die

Welpen werden zwar beschützt, aber sie müssen von Anfang an lernen, wer Freund und wer Feind ist und wie man
sich in der Welt behaupten kann. Wie sollen das denn die
Menschenkinder lernen, wenn sie ständig mit Sponge Bob,
Blinky Bill und irgendwelchen Wilden Kerlen konfrontiert
werden? Also ich muss mich manchmal schon sehr wundern.

Was mache ich den ganzen Tag

Wo ich jetzt schon das Thema Fernsehen angeschnitten habe, will ich Ihnen auch erzählen, was ich normalerweise sonst so den lieben langen Tag mache.

Das ist eine ganze Menge. Ich habe rund und die Uhr voll viel zu tun. Da wäre zum Beispiel die Sache mit dem Chillen. Das mache ich eigentlich überwiegend. Chillen ist toll, erfüllt aber auch einen sehr wichtigen Zweck, denn während ich für Außenstehende den Eindruck erwecke, ich sei vielleicht gar nicht wach oder ich läge einfach nur so herum, leiste ich in Wahrheit ziemlich schwere Arbeit. Für Katzen ist es nämlich äußerst wichtig, sich zu entspannen. Wir ruhen uns nicht aus, wenn wir müde sind, wie Ihr Menschen das macht, nein wir ruhen schon, bevor uns alles zu viel wird. Das ist eine große Kunst, immer den richtigen Zeitpunkt fürs Chillen zu erwischen, bevor der Stresslevel zu hoch wird. Was ich so mitbekomme, ist das für Euch Menschen auch ein großes Thema. Es gibt jede Menge Bücher zu dem Thema. Auch Seminare werden gehalten, Therapeuten erzählen ihren Klienten ganz viel darüber und wenn´s schief gegangen ist, sind auch noch Ärzte und Kliniken daran beteiligt, die Work-Life-Balance für Euch Menschen wieder ins Reine zu bekommen. Uns Katzen fragt wieder keiner, obwohl wir genau wissen, wie es geht.

Die Regel lautet: Chille immer dann, wenn du ein Sofa, einen Sessel oder ein Bett vor dir hast.

Ich weiß schon, ganz so einfach ist es nicht, schließlich müsst Ihr auch Geldverdienen gehen oder andere, wichtige Dinge machen, die uns Katzen zum Glück erspart bleiben. Was ich trotzdem sagen will: Wir chillen, wenn wir Gelegenheit dazu haben und Ihr chillt, wenn Ihr Zeit dafür habt. Also selten bis nie. Das kann nicht gutgehen.

Chillen heißt nicht schlafen. Das mache ich natürlich auch und weil ich eine Katze bin, muss ich viel schlafen. Eine gesunde Katze schläft ca. 13 bis 16 Stunden am Tag. Natürlich nicht am Stück. Ich komm da locker hin. Von der restlichen, wachen Zeit chille ich den größten Teil. Das bedeutet, ich sehe so aus, als ob ich schlafe, ich bin aber wach. Ich beobachte meine Umgebung ganz genau, bekomme jedes Geräusch mit und wenn in der Küche der Schinken aus dem Kühlschrank geholt wird, bin ich zuverlässig da. Wenn es grad keinen Schinken gibt, keine Fliege herumfliegt und es auch sonst nichts zu beobachten gibt, denke ich nach. Worüber ich nachdenke, wird mein Geheimnis bleiben, denn alles verrate ich hier nicht.

Nun dürfen Sie aber nicht denken, dass ich den ganzen Tag nur bewegungslos herumliege. Mindestens zwei Mal am Tag muss ich meine Kontrollgänge machen.

Das ist mir angeboren und gehört zu meinem instinktiven Verhalten. Ich muss immer kontrollieren, ob sich in der Wohnung etwas verändert hat, ob was Neues dazugekommen ist oder ob was plötzlich nicht mehr da ist. Es könnte ja auch sein, dass sich irgendwo eine Spinne versteckt oder dass – das ist allerdings relativ unwahrscheinlich – plötzlich noch eine Katze da ist. Alles muss von mir zwei Mal täglich abgenommen werden. Ich gebe es zu, diese Art von Beschäftigung macht mir besonders viel Spaß. Wahrscheinlich ist an mir ein kleiner Jonny Controlletti verlorengegangen, so nennt sie mich manchmal, wenn ich wieder losgelaufen bin und alle Ecken genauestens inspiziere.

Zu meinem Revier gehört übrigens auch der Hausflur und das ist eine besonders schwere Herausforderung. Erstens, weil ich immer warten muss, bis sie mich rauslässt, und zweitens, weil Balou auch manchmal draußen rumwandert. Wir hinterlassen uns dann immer Nachrichten, die nur wir Katzen verstehen. Das machen wir mit Duftmarken. Wir Katzen haben nämlich am Köpfchen und auch noch am Hinterteil – aber davon reden wir jetzt nicht – Duftdrüsen, die beim Dranreiben sowas wie Markierungen absondern. Ich kann also immer genau riechen, wo Balou mir was hingerieben hat und natürlich muss ich entsprechend reagieren. Das macht Spaß.

Bei meinen Kontrollgängen in der Wohnung komme ich natürlich auch in die Küche. Dort steht mein Futternapf, beziehungsweise zwei Näpfe. Einer mit Dosenfutter und einer mit Trockenfutter. Daneben steht mein Wassernapf. Ich erwähnte das bereits. Dieser Bereich ist sehr wichtig. Den muss ich sogar öfter als zwei Mal täglich kontrollieren. Schließlich muss ich genau aufpassen, ob dort auch alles in Ordnung ist, ob die Näpfe nachgefüllt werden und vor allem, wann. Damit sie es nicht vergisst, erinnere ich sie immer beizeiten daran. Meistens beginne ich ungefähr zwei Stunden vor der üblichen Zeit, immer wieder hinzulaufen und laut zu blöken. Falls sie gerade in der Küche ist, kann ich ihr zusätzlich noch um die Beine streichen, das mögen Menschen normalerweise gern. Aber wenn sie dort vielleicht gerade was zu tun hat, dann schimpft sie mich manchmal, weil sie oft über mich stolpert. Was kann ich denn dafür, dass sie nicht auf mich aufpasst? Und außerdem: wenn sie mich suchen muss, weil ich mich irgendwo verkrochen habe, passt es ihr nicht. Wenn ich direkt neben ihr stehe, passt es ihr auch nicht. Ja was denn nun?

Übrigens: Was sie kann, kann ich schon lange. Ich habe ja erzählt, dass sie immer wissen will, wo ich bin. Manchmal mache ich mir einen Spaß und drehe den Spieß um. Wenn sie zum Beispiel am Computer sitzt, geselle ich mich sehr gerne zu ihr. Am liebsten ganz dicht. Am dichtesten bin ich, wenn ich mich auf den Schreibtisch setze, zwischen der Tastatur und dem Bildschirm. Sie mag das nicht, aber mir gefällt das. Oder ich finde heraus, wo sie gerade ist, und wenn ich sie gefunden habe, verstecke ich mich. Ich kann mich nämlich so hinter dem Türrahmen verstecken, dass ich nicht gesehen werde, aber ich kann sie sehen. Ich darf mich dann nur nicht bewegen, denn ich muss mindestens mein halbes Gesicht so platzieren, dass ich mit einem Auge gucken kann. Das kann ich stundenlang aushalten. Aber einmal habe ich einen Fehler gemacht. Die Türe zum Wohnzimmer ist nämlich aus Glas. Ich dachte, ich wäre besonders clever, wenn ich mich dahinter verstecke, weil ich sie dann ja sogar mit zwei Augen sehen kann. Dass sie mich allerdings durch die durchsichtige Glasscheibe auch sehen kann, daran habe ich nicht gedacht. Sie hat mich dann als Kleindoofy bezeichnet, ich glaube, das war nicht lieb gemeint.

Spielen ist natürlich auch ein Teil meiner Hauptbeschäftigung. Am liebsten spiele ich mit Mama und der Fellmaus. Diese hängt an einer langen Schnur und diese wiederum ist an einem Stab festgebunden. Die Fellmaus ist wahrscheinlich die einzige ihrer Art, die fliegen kann. Mama wirbelt sie mit Hilfe des Stabes immer herum und ich versuche sie zu fangen. Das ist ein tolles Spiel. Findet Mama wahrscheinlich nicht, weil manchmal sagt sie, dass es jetzt doch auch mal genug sein müsste, wenn ich sie immer und immer wieder damit nerve. Aber ich finde, ich habe ein Anrecht darauf, beschäftigt zu werden. Ansonsten müsste ich meinen Spiel- und Jagdtrieb an den Möbeln oder gar an ihren Zehen ausleben. Wetten, dass Sie sich jetzt gerade überlegen, ob Sie nicht auch so eine Fellmaus mit Schnur anschaffen sollten?

Ja, und dann habe ich noch eine Pflichtaufgabe, die ich persönlich jetzt aber gar nicht so schlimm finde. Ich muss mich nämlich streicheln lassen. Ich habe gehört, dass es Menschen gut tut, wenn sie Katzen streicheln können. In manchen Städten soll es sogar Cafés geben, in denen Katzen arbeiten müssen. Sie müssen herumliegen und den Gästen als Streichelobjekt dienen. Die Menschen kommen extra nur wegen der Streichelkatzen dorthin, denn einen Kaffee könnten sie ja überall bekommen. Kuschelmiezen allerdings nicht. Ich bin froh, dass ich dort nicht arbeiten muss, denn ein einzelner Mensch reicht mir schon. Vor allem bin ich froh, dass ich diesen Menschen kenne und mit ihm vertraut bin. Aber manche meiner Artgenossen sind in dieser Hinsicht schmerzfrei. Die lassen jeden ran. Soll mir recht sein. Ich muss nur Mama ranlassen und gelegentlich mal Besuch. Aber da unterscheide ich schon sehr genau. Jedem stehe ich nicht zur Verfügung.

Mich streicheln zu lassen, hat im Übrigen nicht nur für mich eine Bedeutung. Katzenstreicheln tut den Menschen gut. Das ist nachgewiesen! Stellen Sie sich vor, was wir Katzen alles können! Man hat festgestellt, dass acht Minuten Streicheln am Tag ausreichen, um einen hohen Blutdruck senken zu können! Das Immunsystem wird gestärkt und die Laune bessert sich. Manche gehen sogar soweit mit ihren Behauptungen, dass Katzenstreicheln diverse Tabletten überflüssig machen würde. Das will ich jetzt nicht unterschreiben, denn ich will nicht schuld daran sein, wenn Sie voller Hoffnung ihre Medikamente ins Klo spülen und stattdessen täglich acht Minuten die eigene oder eine Caféstreichelkatze hernehmen. Am Ende funktioniert das dann doch nicht so und Sie bekommen einen Herzinfarkt oder sowas. Also bitte, gehen Sie zum Arzt und nehmen Sie die Tabletten, die er Ihnen verschreibt. Katzenstreicheln können Sie ja zusätzlich.

Aber was nachgewiesen ist, sind die Glückshormone, die beim Fellstreicheln ausgeschüttet werden und im Organismus einiges ganz Tolles bewirken. (Hier habe ich mir auch ein bisschen helfen lassen). Ich nehme meine Aufgabe sehr ernst, denn ich will ja, dass Mama gesund bleibt, fröhlich ist und mich noch sehr lange genießen kann. Sie kennen bestimmt das Sprichwort: „Ist der Mensch gesund, freut sich die Katze".

Was dieses Kapitel betrifft, wird es vermutlich Proteste von unerwarteter Seite geben, nämlich von Hunden. Die haben schließlich auch Fell und lassen sich meistens viel lieber und daher auch länger streicheln als Katzen. Die Sache mit den Glückshormonen funktioniert bei den Menschen nämlich auch, wenn sie Hunde streicheln, insofern müsste ich diesen Protesten dann auch nachgeben. Aber erst mal abwarten, ob überhaupt welche kommen.

Hundeelend und andere hundsgemeine Wörter

Wie Sie der Überschrift dieses Kapitels vielleicht entnehmen können, kommt jetzt etwas Unerfreuliches. Ich komme nicht drum herum, über Hunde zu schreiben, denn Hunde und Katzen haben immer wieder mal miteinander zu tun, freiwillig oder unfreiwillig. Manche Menschen haben beides in der Wohnung und daher ist es sehr wichtig, für Sie als Mensch, darüber Bescheid zu wissen, wie das funktionieren kann.

Bevor ich Ihnen Näheres über die Kommunikation zwischen Katzen und Hunden erkläre, möchte ich mich zunächst generell zu den stinkenden, unterwürfigen, ständig sabbernden und hässlichen Lebewesen äußern, die sich Hunde nennen.

Ja, Sie haben das völlig richtig verstanden – ich mag Hunde nicht besonders. Auch nicht die kleinen Rassen, die unter Umständen kleiner als eine Katze sind, sich aber trotzdem aufführen wie der Rotz am Ärmel. Wenn die wüssten, wie würdelos das wirkt, wenn sie sich so benehmen. Ich will da jetzt gar nicht näher darauf eingehen, denn ich habe mir angewöhnt, mich gedanklich mit unangenehmen Dingen so wenig wie möglich zu beschäftigen. Es sei denn, ich könnte durch Nachdenken was ändern, aber was nicht zu ändern ist, nimmt man am besten hin. Zum Glück habe ich in meinem privaten Bereich nichts mit Hunden zu tun, weder mit den großen noch mit den kleinen. Die großen Hunde mag ich nämlich auch nicht, die machen mir ehrlichgesagt sogar ein bisschen Angst. Am liebsten wären mir noch die mittleren, denn bei denen kommt man zur Not mit den Krallen direkt auf die Nase, falls es mal nötig wäre. Bei den Minihunden funktioniert das nicht so richtig, die sind zu schnell für mich. Ich frage mich übrigens, wie Mephisto das macht mit Herrn Niedlich. Der ist nämlich ein Schäferhund, also ein ziemlich großes Exemplar Hund. Und obwohl er angeblich so sein soll, wie er heißt, wird es wohl trotzdem ab und zu mal nötig sein, ihn in die Schranken zu weisen. Ich muss bei Gelegenheit mal Mephisto fragen, ob er klarkommt. Ach Mephisto … seufz …

Was mir wahrscheinlich ein ewiges Rätsel bleiben wird, ist der Grund dafür, dass Menschen offensichtlich Hunde über alles lieben. Jedenfalls hier in Deutschland. Obwohl, wenn ich es mir so recht überlege, könnte es an der absolut würdelosen Unterwürfigkeit liegen, die Köter an den Tag legen, sobald ein Zweibeiner in ihre Nähe kommt. Der größte Unterschied zwischen Hunden und Katzen liegt genau in diesem Punkt. Von den Äußerlichkeiten einmal ganz abgesehen. Hunde unterwerfen sich gern, sie brauchen einen Leithund und dafür nehmen sie sehr gerne auch Menschen. Sie können gut im Rudel leben und sie müssten es eigentlich sogar, weil ihre eigene Persönlichkeit nicht ausreicht. Sie brauchen Verstärkung. Ihr größtes Glück ist es, von Herrchen oder Frauchen gelobt zu werden. Schon alleine diese Wortwahl: Herrchen, Frauchen. Das sagt doch schon alles. Wer braucht denn ein Herrchen oder Frauchen? Was soll das denn überhaupt sein? Die Verniedlichung einer Person, die das absolute Sagen hat. Nennen Sie Ihren Chef Chefchen? Sehen Sie? Aber Hunde drücken ihre Liebe zu denjenigen, die sie absolut dominieren, mit solchen deplatzierten Niedlichkeiten aus. Daran sehen Sie schon, wie die geistig beieinander sind.

Ganz anders wir Katzen. Jede von uns hat so viel Charakter und Persönlichkeit, dass eine zweite Katze in unmittelbarer Nähe kaum geduldet wird – wobei es hier auch Ausnahmen gibt. Aber wenn sich Katzen zusammentun und eine Gang bilden, dann tun sie das freiwillig und aus Zuneigung. Niemals deshalb, weil es anders nicht geht.

Katzen unterwerfen sich niemals. Und wenn sie es tun, dann bleibt ihnen nichts anderes übrig, zum Beispiel beim Tierarzt. Das ist demütigend und geht einer stolzen Katze ganz schön an die Nieren. Bei der Abhängigkeit vom Lob gibt es auch einen Unterschied. Lob ist schön, darin sind wir mit den Hunden auf einer Wellenlänge. Werden wir aber geschimpft, sind wir beleidigt, während Hunde sich grämen, die Schuld bei sich suchen und alles dafür tun, wieder gelobt zu werden. Dafür erledigen sie mit der allergrößten Freude irgendwelche blöden Aufgaben. Stock holen zum Beispiel. Oder bei Fuß gehen, oder Sitzen und Platzen ... oder wie ist der Befehl „Platz" gemeint? Sehen Sie, so geht es schon los. Katzen akzeptieren keine Befehle. Wenn unsere Menschen was von uns wollen, verstehen wir das höchstens als unverbindliches Angebot, auf das wir gerne zurückkommen, wenn uns danach ist. Später vielleicht. Oder gar nicht. Hunde dagegen führen sofort aus, was ihnen gesagt wird und freuen sich auch noch, wenn von ihnen irgendwas verlangt wird. Ohne den Sinn zu hinterfragen, befolgen sie einfach die Befehle der Menschen.

Eines muss ich aber zugeben. Es gibt Hunde, die gerade wegen dieser bedingungslosen Folgsamkeit für die Menschen in vielen Situationen eine große Hilfe sind. Polizeihunde zum Beispiel. Oder auch Lawinenhunde und Rettungshunde. Drogensuchhunde und – davor habe ich besonders viel Respekt: Blindenhunde. Es gibt auch Jagdhunde und Hütehunde. In all diesen Fällen haben es Mensch und Hund geschafft, ihre unterschiedlichen Eigenschaften zu einem perfekten Ganzen zu kombinieren. Der Mensch denkt, der Hund führt aus und am Ende ist alles gut. Der Mensch freut sich und der Hund ist glücklich. Das ist für mich in Ordnung. Sollen sie doch was arbeiten, die Maulhelden, dann zeigen sie, dass sie noch was anderes können, als sinnlos herumzukläffen und zu stinken.

Nun stelle ich aber immer wieder fest, dass Hunde mit diesen, oben beschriebenen, herausstechenden Fähigkeiten zusammen mit ihren Menschen in einer Zweizimmerwohnung gehalten werden. Wozu bitteschön braucht eine ganz normale Familie einen Rettungshund? Schafe gibt's normalerweise auch nicht beim Otto Normalverbraucher, so dass riesige Hütehunde, wie Schäferhunde oder Collies, in engen Wohnungen doch so überhaupt keinen Sinn machen. Ein Polizeihund ist auch nur bei der Polizei wirklich gut aufgehoben und was Lawinenhunde oder Schlittenhunde angeht, so frage ich mich, was die in einer Großstadt zu suchen haben.

Ganz schlimm finde ich die Haltung von Kampfhunden. Generell habe ich Angst vor ihnen, wie vor jedem anderen Hund auch, der schneller und stärker ist als ich. Aber Kampfhunde flößen mir besonders viel Angst ein. Zum Glück bin ich in meinen vier Wänden total sicher davor, denn Mama lässt hier garantiert keinen von denen rein. Deshalb kann ich es mir ja erlauben, darüber nachzudenken, was denn eigentlich so einen Kampfhund so gefährlich macht. Sind das denn nicht auch einfach nur Hunde, die ihren Herrchen und Frauchen ergeben sein wollen und tun, was von ihnen verlangt wird? Vielleicht gibt es Menschen, die es ganz besonders toll finden, so eine Kampfmaschine beherrschen zu können? Oder deren Halter sind Menschen, die sich nur sicher fühlen, wenn sie eine Bestie an ihrer Seite haben, die nur auf sie hört? Wie dem auch sei, ich habe den leisen Verdacht, dass Staffordshires, Pitbulls und wie sie alle heißen, grundsätzlich genau wie alle anderen Hunde glücklich und zufrieden leben wollen. Stattdessen werden sie scharf gemacht, dass alle Welt sich vor ihnen fürchtet. So ein Hundeleben möchte ich nicht führen!

Apropos Hundeleben. Mir ist aufgefallen, dass es sprachlich gesehen einen weiteren Unterschied zwischen Hund und Katz gibt. Der ist ganz einfach und schnell erklärt:

Alles, was mit „schlecht" in Verbindung gebracht wird, heißt irgendwas mit „Hund".

Alles, was mit „gut" in Verbindung gebracht wird, heißt nicht immer irgendwas mit „Katze", aber wenn ich mal die Regel des Umkehrschlusses anwende, dann ist Hund schlecht und Katze demzufolge gut.

Wie ich darauf komme?

Hundewetter, „bei diesem Wetter jagt man keinen Hund vor die Tür", hundeelend, hundsgemein, hundemüde, hundsfaul, Hundspack, Hundehaufen ... das sind alles Wörter, die keinen positiven Beigeschmack haben. Es gibt sogar einen Film, der nennt sich „Hunde, wollt Ihr ewig leben" und damit sind keine Vierbeiner gemeint. Hunde nennen sich manchmal auch Menschen gegenseitig, wenn sie sich beschimpfen wollen. „Du Hund!" Da weiß doch jeder, was damit gemeint ist. Schmettert Ihnen mal jemand dagegen ein herzhaftes „Du Katze!" entgegen, werden Sie diesen Ausruf erst einmal nicht mit einer Beschimpfung in Verbindung bringen. Ganz im Gegenteil. Models glänzen auf dem Catwalk, schöne Frauen haben Katzenaugen und wenn ein Mensch „schnurrt wie eine Katze", ist damit ebenfalls nur Positives in Verbindung zu bringen. Frauen, die einen tollen, geschmeidigen und verführerischen Schwung in den Hüften zeigen, haben im Sprachgebrauch einen Katzengang. Und eine ganz tolle, aufregende, überaus attraktive und mit den besten Fähigkeiten ausgestattete Comicfigur heißt Catwoman. Und mit „Cats" hat man uns Katzen sogar ein Musical gewidmet!

Also bitte, da bleiben doch keine Fragen mehr offen, oder?

Hund – Katze, Katze – Katze , Mensch – Katze

Wenn wir Katzen uns gegenseitig etwas mitzuteilen haben, machen wir das ohne Sprache. Erwachsene Katzen reden nicht miteinander. Nur solange wir Babys sind, geben wir was von uns und dann reden auch unsere Mütter mit uns. Sobald wir aber das Teenageralter hinter uns gelassen haben, verfallen wir in Schweigen. Das unterscheidet uns ganz deutlich von den Menschen, nur mal nebenbei bemerkt. Dafür haben wir aber jede Menge anderer Möglichkeiten, uns miteinander unterhalten zu können. Das funktioniert dann aber nahezu ausschließlich über die Körpersprache. Für Menschen ist es gut, wenn sie die Katzen-Körpersprache beherrschen, denn viele meiner Artgenossen denken im Umgang mit ihren Menschen oft nicht daran, dass sie uns ja nicht verstehen können. Sie senden dann verzweifelt immer wieder Signale nach Katzenart und werden einfach nicht verstanden. Da ich ja mal nicht so sein will und außerdem ehrlich daran interessiert bin, dass es meinen Katzenkollegen bei Euch genauso gut geht, wie mir bei Mama, will ich Euch hier ein paar Tipps geben, wie Ihr Eure Katze besser verstehen könnt und wie das Zusammenleben von Hunden mit Katzen besser funktionieren kann.

Sehr geehrter menschlicher Leser! Wenn Sie sich dazu entschließen sollten, gleichzeitig zu Ihrer Katze auch noch einen Hund halten zu wollen, treffen Sie bei mir zwar auf völliges Unverständnis, aber im Interesse des friedlichen Zusammenlebens in Ihrer Familie möchte ich Ihnen trotzdem ein paar Tipps geben.

Hunde und Katzen können sich durchaus verstehen. Allerdings setzt der Zustand der harmonischen Zusammenarbeit dieser beiden völlig verschiedenen Lebewesen einen Lernprozess auf beiden Seiten voraus. Und wenn die dritte Seite, Sie als Mensch, an diesem Lernprozess ebenfalls beteiligt ist, stehen die Chancen auf Frieden ziemlich gut.

Normalerweise sind Missverständnisse zwischen Kläffern und Samtpfoten vorprogrammiert. Tiere verständigen sich untereinander überwiegend durch Körpersprache. Jetzt ist es aber so, dass die gleichen körperlichen Signale bei Hunden und Katzen genau das Gegenteil bedeuten. Ein Beispiel gefällig?

Ich will das jetzt mal ohne Wertung beschreiben. Ein Hund, der sich freut, wedelt mit dem Schwanz. Je mehr er sich freut, desto mehr wird gewedelt. Jeder Mensch weiß, ein wedelnder Hund ist freundlich. Jeder andere Hund weiß das auch. Sollte jetzt ein Hund auf die Idee kommen, einer Katze gegenüber wedelnd – weil freundlich gesinnt – aufzutreten, wird er auf der Stelle dafür bestraft. Denn bei Katzen wird das Signal Wedeln als Bedrohung aufgefasst. Eine Katze, die aufgeregt ist, vielleicht sogar aggressiv und zum Angriff bereit, wedelt nämlich ebenfalls mit dem Schwanz. Das kann zu fatalen Missverständnissen führen. Aber nicht nur das. Ein Hund, der den Schwanz ganz nach unten hält, vielleicht sogar zwischen den Hinterbeinen einklemmt, hat

Angst. Eine Katze mit dieser Schwanzhaltung ist allerdings auch nicht total entspannt. Sie hat ebenfalls vielleicht Angst, kann sich aber auch aus anderen Gründen nicht wohl fühlen. Wenn der Schwanz durch die Hinterbeine dicht an den Bauch gelegt wird, bedeutet das in der Katzensprache eine Unterwerfungsgeste. Allerdings wird eine Katze, die etwas auf sich hält, diese Geste gegenüber einem Hund eher selten zeigen. Wir verwenden das Zeichen der Unterwerfung meistens unter uns Katzen. Wenn Sie allerdings als Mensch Ihre Katze mit dieser Haltung (Schwanz zwischen den Hinterbeinen eingeklemmt) vorfinden, und es ist weder ein Hund noch eine andere Katze in der Nähe, dann bringen Sie sie bitte zum Tierarzt, denn dann stimmt irgendwas nicht mit ihr. Sie zeigt Ihnen damit eventuell auch an, dass sie Schmerzen hat oder sich aus einem anderen Grund nicht wohlfühlt.

Sie haben es schon gemerkt, eine Katze kann durch ihren Schwanz eine ganze Menge ausdrücken. Die Schwanzhaltung bedeutete eine wichtige Nachricht von uns Katzen an einen informierten Menschen, und zu denen zählen Sie ja spätestens ab jetzt auch.

Die Basis des friedlichen Zusammenlebens verschiedener Wesen ist die Kommunikation. Toll, welche Sätze mir manchmal einfallen!

Was will Ihnen Ihre Katze sagen?

Eine wichtige Rolle in unserem nonverbalen Wortschatz spielt der Schwanz. Er dient uns auch als Stimmungsbarometer. Zwischen steil nach oben und lustlos nach unten hängend gibt es eine ganze Menge von Varianten, mit denen wir unsere Stimmung zum Ausdruck bringen können. Es macht einen riesigen Unterschied, ob wir ihn aufrecht in die Höhe recken und unser Gegenüber damit herzlich begrüßen wollen, oder ob wir ihn z.b. in eher waagerechter Lage mit leicht gebogener Spitze halten. Damit drücken wir aus, dass wir unsere Ruhe haben wollen. Angst zeigen wir mit einem gesenkten Schwanz und wenn es schlimm kommt, können wir ihn aufbauschen bis zum Gehtnichtmehr. Ich besonders gut, weil ich einen speziellen langhaarigen Schwanz habe. Wir können mit unserem Schwanz unsere Stimmung ausdrücken, wie Ihr Menschen mit Eurem Gesicht. Nur mit dem Unterschied, dass Ihr Menschen, wenn Ihr Euch anstrengt, ein anderes Gesicht zeigen könnt, als Ihr nach innen fühlt. Tarnen und Täuschen nennt man das. Bei uns Katzen geht das nicht, denn unser Schwanz führt in dieser Hinsicht ein Eigenleben. Er drückt einfach immer das aus, was wir fühlen. Wenn Sie zum Beispiel von Ihrer Katze mit einem steil nach oben gereckten Schwanz begrüßt werden, heißt das schlicht und einfach „Hallo". Ist die Schwanzspitze aber ein bisschen gebogen, macht das einen großen Unterschied. Dann werden Sie nämlich nicht nur mit einem „Hallo" begrüßt, sondern auch noch mit einem „Hallo, ich freue mich, dich zu sehen".

Zittert der Schwanz dann auch noch, ist das die nächste Steigerung. Damit können wir ausdrücken, dass wir uns „sehr freuen, dich zu sehen". Wenn wir mit ihm wild hin und herpeitschen, wollen wir spielen, oder wir sind aufgeregt, vielleicht auch extrem verunsichert. Das kommt immer auf die Situation an. Eine traurige Katze lässt den Schwanz beim Laufen lustlos einfach hängen. Wird der obere Teil nach oben gebogen und der Rest nach unten gehalten, drücken wir damit Angriffsbereitschaft aus und wir wollen auch ein bisschen angeben damit. Sieht ja auch ziemlich imposant aus, noch dazu in Verbindung mit einem Katzenbuckel.

Katzen auf der ganzen Welt verstehen untereinander diese Sprache. Auch wenn es um die Schnurrhaarhaltung oder die Ohrenstellung geht, sind wir international aufgestellt. Ich glaube, das haben wir Katzen Euch Menschen voraus.

Können Sie eigentlich auch mit Ihren Ohren reden?

Die Ohren spielen in der Katzensprache eine ganz wichtige Rolle. Werden sie nach hinten gelegt, mit den Spitzen nach oben, die Rückseite nach vorne, bedeutet das: „Vorsicht, ich greife gleich an. Das ist die letzte Warnung." Wenn die Ohren aber ganz dicht an den Kopf gelegt werden, so dass sie fast nicht mehr zu sehen sind, ist das ein Zeichen dafür, dass sich die Miez gerade in einer extremen Stresssituation mit ganz viel Angst befindet. Beim Tierarzt beispielsweise. Die Augen sind dann meistens ganz weit aufgerissen und die Katze ist zu allem bereit. Vorsicht ist daher angesagt. Ein Hund, der die Ohren nach hinten anlegt, will damit sagen: „Hilfe, ich habe Angst." Manchmal will er damit auch gar nichts sagen, sondern er legt die Ohren instinktiv an, wenn er etwas vorhat, das er sich von vornherein nicht anmerken lassen will. Merken Sie es? Hunde können ganz schön hinterlistig sein. Aber ich sagte ja eingangs, ich will dieses Kapitel ohne Wertung schreiben. Wenn sich Hund und Katz mit jeweils angelegten Ohren begegnen und jeder auf seine Art die Signale deutet, sind Missverständnisse vorprogrammiert.

Schnurrhaare – unser sechstes Sinnesorgan

Wenn Menschen davon sprechen, sie hätten einen sechsten Sinn, meinen sie nicht das Gleiche wie wir. Im Gegensatz zu den Zweibeinern haben wir ihn nämlich tatsächlich zur Verfügung. Wir haben, Tatsache, zusätzlich zum Sehen, Riechen, Tasten, Schmecken und Hören auch noch eine Kombination aus Tasten und Sehen, nämlich die Funktion der Schnurrhaare. Meine Schnurrbarthaare dienen mir als sechstes Sinnesorgan. Sie können da nicht mitreden. Es gibt zwar Menschen, die ebenfalls Bärte tragen, aber warum sie das tun, habe ich noch nicht herausbekommen. Eine Funktion haben diese Menschen-Barthaare nämlich nicht und bei einigen sehen sie nicht mal schön aus. Ganz anders bei uns Katzen. Nicht nur, dass die langen Schnurrhaare, die wir um die Nase und an den Augen tragen, unser Gesicht ganz besonders hübsch aussehen lassen, sie haben auch eine überlebenswichtige Funktion. Vielleicht nicht für uns Wohnungskatzen, aber für freilebende und freilaufende Artgenossen auf jeden Fall. Wir können mit unseren Schnurrhaaren sowohl sehen als auch fühlen. Das mit dem Sehen ist nicht wörtlich gemeint, aber wenn man bedenkt, dass wir damit die feinsten Bewegungen wahrnehmen können, die in unserer Nähe stattfinden, können Sie mich vielleicht gut verstehen, was ich damit meine. Unsere Schnurrhaare sind auch der Grund dafür, dass wir uns selbst in total dunklen Räumen zurechtfinden können. Es ist zwar lieb gemeint, wenn manche Menschen ihrer Katze nachts irgendwo ein

Licht brennen lassen, damit sie was sieht, wenn sie nachts mal zum Klo oder zum Futternapf muss, aber nötig wäre das nicht.

Als Mensch können Sie an der Stellung der Schnurrhaare aber auch ablesen, in welcher Stimmung sich Ihr Liebling gerade befindet:

Seitlich ausgerichtet, nur ein bisschen gefächert bedeutet: mir geht's gut, ich bin ruhig und gelassen.

Ausführlich aufgefächert, nach vorne ausgerichtet bedeutet: ich bin aufmerksam, gespannt und es geht jetzt gleich los.

Alle Schnurrhaare nach hinten ausgerichtet und nicht aufgefächert: Nimm dich in Acht, ich greife gleich an oder auch: ich habe Angst.

Mama sammelt meine Schnurrhaare übrigens. Sie fallen mir nämlich immer mal aus, aber das ist ganz normal und sie wachsen auch wieder nach. Die Haare sammelt sie in einer alten Porzellantasse, da ist schon eine ganze Menge drin, die sind aber nicht von mir. Sie hat mal erzählt, dass sie von allen ihren Katzen die Schnurris aufgesammelt hat, die sie auf dem Sofa, auf dem Boden oder sonstwo gefunden hat. Süß, gell?

Katzen geben kein Pfötchen

Hunde lieben es, Pfötchen zu geben. Sie setzen sich dazu auf ihr Hinterteil und heben eine Pfote an, die dann meistens in der Hand eines Menschen landet. Mensch freut sich, Hund wird gelobt und bekommt Leckerli. Falls man nicht mehr vom Leben möchte, reicht das ja.

Katzen geben niemals Pfötchen, um ihre Bereitschaft zu dienen auszudrücken. Es kann aber sein, dass eine Katze mit einem Menschen zusammenlebt, der die Hundesprache besser versteht, weil die ja viel einfacher und primitiver, und damit leicht zu durchschauen ist. In solchen Fällen geben auch Katzen Pfötchen, solange es Schinken dafür gibt. Katzen sind klug.

Hunde heben auch gern mal aus anderen Gründen eine der Vorderpfoten. Das machen sie, wenn sie spielen wollen, wenn sie ihr Gegenüber freundlich zu irgendwas auffordern wollen oder wenn sie um irgendwas betteln. Dann heben sie sogar beide Vorderpfoten und setzen sich dabei aufrecht auf ihren Hintern. Die Menschen nennen das „Männchen machen" und finden das goldig. Katzen nehmen diese Stellung nur ein, wenn sie an etwas rankommen wollen, für das sie sich strecken müssen. Wenn ein Hund in Gegenwart einer Katze Männchen macht, passiert meistens nichts, außer dass sich die Katze vielleicht wundert. Wenn ein Hund aber in Gegenwart einer Katze eine Vorderpfote hebt, kann es sein, dass er unmittelbar eine drübergezogen bekommt. Mit ausgefahrenen Krallen direkt auf die Nase. Und warum? Weil diese Geste ganz besonders unter Katern als Machtgehabe und Drohung gilt. Manchmal auch als letzte Warnung vor einem Angriff. Katzen sind fair, sie schlagen nicht einfach zu. Aber bevor man sich von einem Hund was antun lässt, sorgt man als Katze am besten rechtzeitig für Ordnung

Denn eines ist klar: Wenn ein Hund die Chance hat, eine Katze zwischen seine Zähne zu bekommen, gehen bei der Katze schnell die Lichter aus. Das ist also unter allen Umständen zu vermeiden.

Nur Katzen können schnurren und fauchen

Katzen schnurren aus verschiedenen Gründen. Ich bin darauf schon eingegangen und erspare Ihnen Wiederholungen. Wenn Sie sich erinnern: keiner dieser Gründe bezog sich auf Angriff. Hunde schnurren nicht. Sie können das gar nicht, weil sie diese geheimnisvolle Schnurrmechanik gar nicht haben. Im Ernst: Ganz früher haben Menschen geglaubt, Katzen hätten so eine Art Schnurrapparat im Bauch. Sie haben sogar einigen Katzen den Bauch aufgeschnitten, um diesen Apparat zu suchen. Hoffentlich haben sie dafür bereits tote Katzen genommen. Nachdem sie nichts fanden, haben sie diesen Unsinn dann auch wieder sein lassen. Hunde können nicht schnurren. Aber sie machen ähnliche Geräusche. Allerdings nennt man das dann nicht Schnurren sondern Knurren und das bedeutet immer Angst, Aggression, Wut, Angriffsbereitschaft oder – ähnlich wie bei uns das Pfote heben oder Ohren anlegen – die letzte Warnung. Werden dabei noch die Zähne gefletscht, kann es für das Gegenüber eng werden und man tut als Katze gut daran, nach einem Fluchtweg zu suchen. Wird dagegen ein Hund von einer Katze in friedlicher Absicht angeschnurrt, kann das sogar ohne Vorwarnung seitens des Hundes zu einer fatalen Situation kommen. Der Hund fühlt sich angeblafft und wird sich wehren.

Katzen fauchen, das haben Sie ganz sicher schön öfter beobachten können. Manchmal spucken Katzen beim Fauchen, das können wir gar nicht verhindern. Das mit dem Fauchen verhält sich so in Ungefähr wie mit dem Schnurren. Fauchen können nur Katzen. Damit sind auch Tiger, Löwen und andere katzenartigen Raubtiere gemeint. Sie können es ja mal versuchen, als Mensch das Fauchen nachzumachen. Dann werden Sie merken, dass das gar nicht so einfach ist, es sei denn, Sie sind Schweizer. Hunde können auch nicht fauchen und daher kommt es immer wieder zu Missverständnissen. Fauchen soll eine Art Drohung ausdrücken. „Lass mich in Ruhe, ich kann dich nicht leiden, fass mich nicht an, und ich habe auch ein bisschen Angst." Da Hunde das ganz und gar nicht verstehen, kann es sein, dass sie trotzdem weiter auf die Nerven gehen und naja ... dann kommen halt wieder unsere Krallen zum Einsatz. Aber Sie als Mensch wissen ja, eine fauchende Katze bitte erst einmal in Ruhe lassen.

Miau? Echt jetzt?

Vielleicht ist es Ihnen schon aufgefallen: „Miau" sagt eine Katze ganz selten. Ich weiß gar nicht, wie die Menschheit darauf kommt, die Lautäußerungen einer Katze mit „Miau" zu beschreiben. Vielleicht weil manche meiner Artgenossen tatsächlich so ähnlich maunzen. In Wahrheit hat eine Katze ungefähr eine Million verschiedener Laute auf Lager. Miau ist nicht dabei. Naja vielleicht nicht gerade wirklich eine Million, aber jedenfalls sehr viele, die wir alle gemeinsam haben. Wir können nämlich leise fiepen, nicht nur, wenn wir kleine Katzenbabys sind. Wenn uns etwas nicht passt, können wir lauthals schreien, und ich meine wirklich lauthals. Katzen, die bei Menschen leben, schreien im Notfall auch lauthals um Hilfe – wie ich zum Beispiel, als ich neulich im Flur unserer Wohnung einer Riesenspinne begegnet bin. Da hatte ich eine Tonlage drauf, die Mama sofort in Alarm versetzt hat. Wenn wir Schmerzen haben, sind wir eher ruhig, aber wenn es ganz schlimm kommt, können wir auf eine Art jammern, die für Menschen unmissverständlich ist. Hauptsächlich Kater können besonders gut röhren, so richtig kräftig aus den Tiefen der Kehle. Wir alle können grummeln und murmeln. Wenn ich zum Beispiel einen schlimmen Traum habe, dann schreie ich im Schlaf. Das machen andere Katzen glaube ich auch. Kätzinnen, die gerade mit einem Kater zugange sind, schreien wie Menschenbabys, was mitunter schon zu peinlichen Missverständnissen geführt hat. Dann kommen noch die individuellen Laute dazu, die jede Katze einmalig werden lässt. In diesem Zusammenhang möchte ich ein bisschen verschämt noch mal kurz von meinem Blöken erzählen, das ich an den Tag lege, wenn meine Futterschale leer ist.

Mama hat mal von einer Katze erzählt, die in Frankreich lebte. Sie war wohl eine freilaufende Katze und hat sich als „Ab-und-zu-Domizil" ein Ferienhaus ausgesucht. Bei der Vermietung dieses Hauses wurden die Gäste immer darauf aufmerksam gemacht, dass sie immer wieder mal vorbeikommt und schaut, ob es was zu fressen gibt. Als Mama mit ihrer Menschenfamilie auch mal dort im Urlaub war, kam die Kleine dann tatsächlich. Mama wusste damals noch nicht, dass wir Katzen eigentlich keine Kuhmilch trinken sollten. Sie meinte es gut und stellte jeden Morgen ein Schüsselchen Milch hin. Die französische Katze hat das schnell herausgefunden und – jetzt kommt's: Sie hat jeden Tag jemanden mitgebracht. Sie war immer in Begleitung einer anderen Katze, manchmal waren es auch zwei, und denen hat sie dann Frühstück ausgegeben. Sie hat natürlich auch andere Sachen bekommen, mal was vom gegrillten Fisch oder sogar gekauftes Katzenfutter. Als sie es mal nicht abwarten konnte, hat sie sich einfach ein ganzes Croissant aus dem Brotkorb geklaut. Ein ganzes!

Aber ich wollte ja von Katzenlauten erzählen. Diese Katze maunzte nämlich wie eine rostige Gießkanne, so hat es jedenfalls Mama beschrieben. Deshalb bekam meine Artgenossin auch den Spitznamen Gießkanne. Als der Urlaub fast vorbei war, hat die Familie dann etwas sehr Beruhigendes festgestellt. Gleich nebenan lebte nämlich ein Bauer, der jeden Abend eine Art Gong betätigte. Man wunderte sich schon, was das immer sollte, bis zu dem Moment, als die Horde wildlebender Katzen dabei beobachtet wurde, wie sie aus allen Löchern rauskamen und sich vor dem Scheunentor des Nachbarhofes versammelten. Dieser liebe Mann hat doch tatsächlich jeden Abend Futter hingestellt, und zwar ausreichend viel. Mama hat da mal genauer hingeschaut. Da standen bestimmt zwanzig Schalen mit Futter. Wie lieb Menschen doch sein können! Die Familie konnte dann also beruhigt abreisen, denn Gießkanne war auch unter den Katzen, die dem Gong folgten. Sie würde also keine Not leiden, falls das Ferienhaus zeitweise nicht bewohnt wird.

Achso, ich wollte ja was zu „Miau" sagen. Ich verzettle mich immer so, dabei bin ich doch gar keine Siamkatze. Denen wird nämlich nachgesagt, dass sie wahre Quasselstrippen seien. Ich kann das nicht aus eigener Erfahrung bestätigen, denn ich kenne persönlich keine dieser außergewöhnlich schönen Rassekatzen. Das ist eigentlich bemerkenswert, denn in Spanien gibt es viele, die zumindest einen Teil Siam in sich tragen. Das liegt daran, dass diese Rasse wegen ihrer Schönheit bei den Spaniern sehr beliebt ist. Allerdings wird nicht so sehr darauf geachtet, ob, wie oft, mit wem und wo sie sich vermehren. Daher kommt es ganz oft vor, dass sich die freundlichen Siams mit anderen Katzenrassen zusammentun. Heraus kommen dann Mischungen, die äußerst niedlich anzuschauen sind und die unzweifelhaft einen Rest von Siam erkennen lassen. Nicht, dass ich das gutheißen würde, dass der unkontrollierten Vermehrung nichts entgegengesetzt wird, denn, wie ich schon mehrfach erwähnt habe, geht es vor allem den wildlebenden Miezen dort nicht gut. Sehr viele von ihnen haben sich übrigens das freie Leben nicht freiwillig ausgesucht. Sie wurden ausgesetzt, verstoßen ... ach ich will nicht weiter darüber nachdenken.

Jedenfalls sind Siamkatzen sehr wortgewandt und sie lieben es, sich den lieben langen Tag mitzuteilen. Mich würde das ja nerven, aber ich habe mir sagen lassen, dass sich viele Menschen freuen, wenn ihre Katze mit ihnen redet. Wie schon gesagt, reden erwachsene Katzen eigentlich gar nicht. Zumindest nicht untereinander. Da machen auch Siams keine Ausnahme. Wir Katzen kommunizieren mit unseren Babys mit verschiedenen Lauten – und nur mit denen. Da hat jeder Laut eine Bedeutung, zum Beispiel: komm her, wo warst du, gib Ruhe, du gehörst zu mir usw. Warum sollten wir so etwas zu einem Menschen sagen? Die Babys haben auch Laute, mit denen sie sich mit ihrer Mutter verständigen. Sie fiepen, wenn sie Hunger haben. Sobald sie ein bisschen laufen können und sich von der Mutter ein paar Meter wegtrauen, melden sie sich mit einem kleinen Laut wieder zurück. Diese Angewohnheit behalten übrigens auch erwachsene Katzen, wenn sie zu ihrem Menschen kommen. Ist Ihnen vielleicht schon aufgefallen, dass Ihre Katze kurz grummelt, wenn sie zu Ihnen ins Bett kommt? Oder aufs Sofa? Das ist ein Überbleibsel aus der Kittenzeit. Hauskatzen bleiben nämlich zu einem gewissen Teil immer Baby und verhalten sich ein bisschen wie damals. Nicht in allen Belangen. Aber in vielen.

Es kann auch vorkommen, dass erwachsene Katzen an allem, was sie erwischen, nuckeln. Wenn Sie so eine Katze kennen, dann wissen Sie, dass dieses arme Würstchen viel zu früh von seiner Mutter getrennt wurde. Das Nuckeln und Saugen legen solche Katzen niemals ab, sogar bis ins hohe Alter. Schimpfen Sie Ihre Nuckelkatze also bitte nicht, auch wenn Sofakissen, Decken, Ihre Kleidungsstücke oder Ihre Finger dauernd nassgenuckelt werden. Sie werden ihr dieses Verhalten nicht abgewöhnen können.

Zum Schluss

So, nun habe ich Ihnen aber genug erzählt. Ich bin am Ende meiner Schilderungen darüber, wie ich das Leben so sehe. Am Ende meines Lebens bin ich aber hoffentlich noch nicht. Keiner weiß ja so recht, wie alt ich eigentlich bin und ich selbst habe auch keine Ahnung. Ich weiß nur, dass ich schon viele Male diese furchtbare Knallerei erleben musste, die es einmal im Jahr mitten in der Nacht gibt. Die Menschen nennen das Silvester und danach beginnt wohl angeblich ein neues Jahr. Ich denke, zehnmal habe ich das bestimmt schon mitbekommen, ist ja nicht zu überhören, selbst nicht unterm Bett. Ich glaube, ein paar Mal muss ich noch. Das heißt, eigentlich darf ich noch. Die Knallerei ist blöd, aber ein weiteres Jahr zu leben ist toll.

Ich wünsche mir nämlich, dass mich Mama noch lange an ihrer Seite hat. Mir gefällt es hier ganz gut, auch wenn es mir manchmal ein kleines bisschen langweilig ist. Ich brauche weder um Futter zu kämpfen, noch muss ich mich gegen aufdringliche Kater wehren. Aber das heißt auch, dass ich ganz viel Ruhe und Zeit zum Chillen habe. Dabei kann ich so wunderbar nachdenken und falls mir künftig wieder mal was einfällt, was ich Ihnen unbedingt mitteilen muss, dann melde ich mich wieder, okay?

Bis dahin: bleiben Sie gesund, streicheln Sie Ihre Katze und halten Sie sich von Hunden fern.

Ihre Isolde.

Zeitfracht Medien GmbH
Ferdinand-Jühlke-Straße 7
99095 Erfurt, Deutschland
produktsicherheit@kolibri360.de